CONTENTS

02 | INTRODUCTION
兵庫でリフォームをするなら、
「NPO法人ひょうご安心リフォーム推進委員会」の
審査基準に適合した認証業者へ！

06 | 兵庫県内の優良企業による
最新リフォーム事例

01 離れを子ども家族専用の居住空間に。
既存の梁を活かし、専用玄関も増設

02 個室が多かった都心の3階建て。
鉄骨造を活かし開放的な空間に

03 音楽室、倉庫テイストのインテリア。
自分たちの"好き"を追求した住まい

04 生活しづらく無駄があったLDKを
キッチンの向きを替えて暮らしを向上

05 孤立していたキッチンをリビングと一体に。
食品棚や冷蔵庫を隠す工夫もポイント

16 | ナイスアイデア！ 少しの工夫で利便性アップ！
技ありリフォームプラン

17 | これだけ知っておけば大丈夫
リフォームの参考書
基礎講座❽のテーマ

キッチン リフォーム
トイレ リフォーム
浴室＆洗面所 リフォーム
窓、床、クロス：内装 リフォーム
耐震 リフォーム
断熱
住宅検査（インスペクション）
中古を買ってリノベーション❶❷

35 | 安心できる兵庫県内の
リフォーム会社をご紹介

68 | NPO法人ひょうご安心リフォーム推進委員会
会員一覧

兵庫でリフォームをするなら、
「NPO法人ひょうご安心リフォーム推進委員会」の
審査基準に適合した認証業者へ!

1st
Approach

NPO法人ひょうご安心リフォーム推進委員会とは

私たち、ひょうご安心リフォーム推進委員会は、

【兵庫県の方が安心してリフォームができること】を目的に

活動しているNPO法人です。

「どこでリフォームをしたらいい?」

「この価格は適正なの?」

「本当にここもリフォームしないといけないの?」

そんなお悩みやご心配に寄り添って、リフォームに関する問題を解決いたします。

2nd Approach

リフォームの
こんなお悩みはありませんか？

私たちの周りには、町の工務店から家電量販店まで、大小さまざまなリフォーム業者があります。でもいざ、わが家のリフォームを考えたとき、「どこに依頼すればいいのか分からない」という声をよく聞きます。

というのも、突然やってきた業者に「屋根がおかしいので直しましょう」と声をかけられて大金を請求されたとか、水まわり工事をお願いしたら、欠陥（手抜き）工事だったというニュースも少なくなく、不安になってしまう方が多いのです。特に床下や天井裏など、表から見えない部分の工事は、本当にきちんと作業がされているのか分かりませんし、不安に思って質問をしようと思っても、怖くて聞きづらかったというケースも耳にします。

見積りも同様で、素人にはその数字が本当に適正価格なのか判断のしようがありません。直接質問をしても、「これは必要な経費です」と言われるとそれ以上聞き返せない……ということもあるのではないでしょうか。

リフォームの
お悩みごとを解決する第三者機関です

そんなとき、頼りになるのが専門家の存在です。
「この見積りって正しいの？」
「本当に修繕しないといけないほど傷んでいるの？」
「この業者は信頼できるの？」
リフォームのことを何でも相談できる人がいれば解決しますが、もしいなかったら……？

そこで、NPO法人ひょうご安心リフォーム推進委員会は、兵庫県にお住まいの消費者の方が、リフォームに関する不安やお困りごとを解決するための第三者機関として誕生しました。

安心してリフォーム工事を行える業者であるかどうかをチェックし、厳しい審査基準に適合したリフォーム業者を認証しています。

▶現在認定登録されている事業者については
　本誌P68またはHPで紹介しています。

4

3rd Approach

審査基準の一例を紹介すると……

❶ リフォーム業、建設業者として法令上の基準を満たしていること

▶ 兵庫県住宅改修事業者登録又は同等要件を満す事業者

▶ 建設業許可を取得していること

❷ あとで何か問題があったときに保証できる業者であること

▶ 総合賠償責任保険の加入（請負作業遂行中に発生した事故等を保証）

▶ リフォームかし保険登録事業者

❸ 地元兵庫県で活躍し、お客様をお迎えして、商談できる業者であること

▶ 兵庫県内に本社を置き、県内に事業所を開設している
※4名以上の打合せスペースがある

❹ 工事が終わると見えなくなるところも、きちんと記録に残し、お客様にご説明できる業者であること

▶ 工事中の中間検査、完成検査を実施している。及び工事記録を残している

他にもたくさんの基準を設定しています。

それでも、まだ不安をお持ちの方は、ぜひNPO法人ひょうご安心リフォーム推進委員会にご連絡ください。

当NPOでは、審査基準に適合した登録業者における見積り金額への不安や、工事等の対応に不満を感じられる場合、当該業者への確認を行うほか、不適切とみなした場合は是正・指導を行っています。

お客様のリフォームに寄り添い、安心をお届けする、それが「あんしんリフォーム」です。

認証マーク

リフォームはこのマークのある業者にご依頼ください。

このマークが
信頼できる
業者の証です。

「見積り金額が正しいのか分からない。信頼できるのか分からない」

「もし悪質な業者だったら、誰が助けてくれるのか」

「そもそもどこをどう直したらいいのか分からない」

リフォーム工事を依頼するときに、そんなお悩みをお持ちの方が多いのではないでしょうか。

実際に悪質な業者によるトラブルがニュースになることもありますから、皆さんが不安に思うのも確かなのです。

そこで、NPO法人ひょうご安心リフォーム推進委員会では、消費者の皆さんが安心してリフォームができるように、信頼できる業者であることを認証するマークを発行しています。

このマークは、厳しい審査基準に適合したリフォーム業者だけに与えられるもので、都合が悪くなるとどこに行ったか分からなくなるような悪質業者の登録は不可能な仕組みになっています。

「どこの会社でリフォームをしようかしら」

もし迷ったら、このマークのある業者にぜひご依頼ください。安心できるリフォームをお届けします。

お問い合わせは

NPO法人ひょうご安心リフォーム推進委員会

〒652-0803 兵庫県神戸市兵庫区大開通7-1-21

TEL/FAX：078-575-3128　URL：https://anshin-reform.org/

電話受付：平日9:30〜17:00（土・日曜、祝日は除く）

REFORM
STYLE

兵庫県内の優良企業による
最新リフォーム事例

築年数の経過や家族のライフスタイルの変化から生じる、
不具合や不便さを解消してくれるリフォーム。デザイン性に
もこだわった5つの実例を紹介します。

離れを子ども家族専用の居住空間に。
既存の梁を活かし、専用玄関も増設

REFERENCE BOOK
FOR REFORM
IN HYOGO

築40年経つ奥様のお父様の家に、家族6人で暮らしていたN様。「生活スペースを分けたい」という奥様の希望により、20年前に建てた離れをリフォームして、N様家族専用の居住スペースをつくった。天井を撤去すると立派な梁があったため、色を塗りなおしてそのまま活用。構造上抜けない柱は位置をずらし、筋交いを空間のアクセントとしながら耐震補強を施した。キッチン等の水まわりのほか、専用玄関とワークスペースも新たに設けている。

キッチンと造作作業台をフラットにつなげて、スムーズに作業ができるようにした

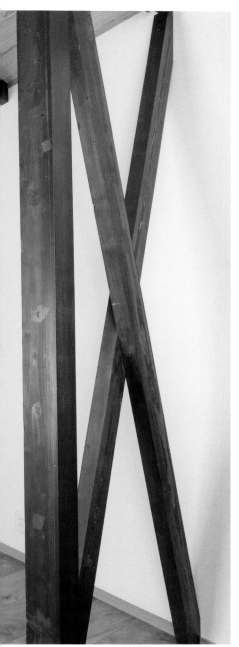

右側に見えるワークスペースは増設した部分。面積を広げたことでLDKが広くなった

ウォークイン収納は廊下側とキッチン側から出入りできる回遊動線

浴室は掃除のしやすさを考えて鏡やカウンターを付けずスッキリと

BEFORE

立派な梁を活かすことで住まいの品格がアップ。リビングにはLow-Eガラスを設置したことで、夏の室内温度が上がりにくくなった

BEFORE

HOUSE DATA

種　　類	：戸建て
築 年 数	：母屋40年
	離れ（増築）20年
施工箇所	：1階離れ部分
工　　期	：約4カ月

日差しもたっぷり入る明るい玄関。靴収納のための棚も設置した

N様家族専用の玄関を設けたので、お客さんが気軽に訪ねることができる

BEFORE

REFORM
STYLE 02

個室が多かった都心の3階建て。
鉄骨造を活かし開放的な空間に

3階建ての住居を、今の暮らしに合わせて住みやすくリフォームしたW様。1階には来客に対応できる広い玄関土間を設け、ダイニングキッチンと洗面室・浴室といった生活必需スペースを集約。2階は小上がりの畳スペースを置いたくつろぎのリビング、3階は鉄骨の梁を表したワークルームに。以前は細かく部屋が仕切られていたが、大空間がつくれる鉄骨造のメリットを活かして壁を取り払い、どの階も広々とした空間に生まれ変わらせた。

3階ロフトにはボルダリングも設置して遊べる空間に

1階ダイニングキッチン。玄関土間とは引き戸で目隠ししつつ、半透明のパネルにより採光も確保

キッチンはアイランド型。
左右から出入りできて動きやすさ抜群

BEFORE

鉄骨の梁を表した3階のワークルーム。宿泊用の畳コーナーとの境にディスプレイポールを設置

2階にはウッドデッキを設けたバルコニーがあり、窓を開けると外と一体化した広々空間に

HOUSE DATA

種　　　類	戸建て
築 年 数	約25年
施工箇所	1階〜3階（フルリフォーム）
工　　　期	約2.5カ月

3階ワークルームには壁に沿ってカウンターを造作

BEFORE

玄関と駐車スペースもリフォーム。壁に埋め込むタイプの宅配BOXを設置して、生活の利便性を上げた

リビングから音楽室が見えるので、
いつでも家族がつながっている

音楽室、倉庫テイストのインテリア。
自分たちの"好き"を追求した住まい

趣味の音楽を思いっきり楽しめる工夫や、好きなインテリアを追求したリフォーム。自称"倉庫マニア"の奥様は、好みの無骨なインテリアを、担当者に手書きイラストや写真で伝えてイメージを共有。モルタルを随所に使い、鉄骨の柱を見せ、植物やインダストリアルな照明使いで理想を実現した。また、同じフロアに親世帯が住んでいるため、ご主人が音楽室で好きなだけギターを弾けるよう防音工事を施すなど、二世帯同居への配慮もされている。

グレーで統一したキッチン奥には可動棚のパントリーを設置

友人にカフェの様だと言われる照明計画もポイント

鉄骨の柱を見せてインダストリアルな雰囲気にしたリビング。奥様のオルガンとピアノを置く、インナーテラスの床はモールテックス施工。空間を緩やかに仕切っている

幅が広く使いやすい洗面台は、モールテックスで造作した

トイレの照明や収納は奥様が小学生の時から抱いていたプランに

LDKの隅にライブラリーを。座ってこもれる落ち着いた一角に

共用玄関。親世帯は下駄箱、子世帯は土間収納クロークを使用

BEFORE　　　BEFORE

HOUSE DATA

種　　類	戸建て
築 年 数	50年
施工箇所	フルリフォーム
工　　期	約2.5カ月

生活しづらく無駄があったLDKを
キッチンの向きを替えて暮らしを向上

REFERENCE BOOK
FOR REFORM
IN HYOGO

19年暮らしていた住まいに、不便さを感じはじめていたN様。なかでもLDKは大きな収納が場所をとって空間を圧迫し、リビング続きの和室はうまく活かしきれていなかったという。また、対面キッチンは壁に囲まれ、リビングにいる家族と会話がしにくかったことから、入念な調査と補強工事で柱を取り、キッチンをリビングと対面の場所に移動した。吊り棚がなく、視線を遮るものがないオープンキッチンを採用し、会話が弾む開放感満載の空間に仕上がった。

コンロ前は壁で仕切らず、ガラスパネルで視界を確保

和室をフローリングのリビング空間にし、広々としたLDKを創出。キッチンに立つとダイニングもリビングもひと目で見渡せる

BEFORE

HOUSE DATA

種　　類	戸建て
築 年 数	19年
施工箇所	LDK、収納、廊下、
	トイレ、洗面室、浴室
工　　期	約45日

孤立していたキッチンをリビングと一体に。
食品棚や冷蔵庫を隠す工夫もポイント

REFERENCE BOOK
FOR REFORM
IN HYOGO

築年数35年のキッチンとリビングを、開放的なLDKにリフォームしたY様。キッチンはドアで仕切られており、家族と会話ができず孤立しているのが悩みだった。そこでドアや壁を撤去し、一体感のあるLDKにすることで、キッチンからの見通しが良くなり、食器棚や冷蔵庫を隠す引き戸を閉めれば、生活感がないスッキリした空間に。システムキッチンはオープンな造りのU型を採用することで、作業スペースが増え、大人2人での料理が快適になった。

BEFORE　　　**BEFORE**

テレビを置く壁の裏側に造り付けの収納スペースを設けた。部屋がスッキリ片付く工夫

HOUSE DATA

種　　　類：戸建て	
築 年 数：35年	
施工箇所：リビング、キッチン	
工　　　期：45日	

ナイスアイデア！少しの工夫で利便性アップ！
技ありリフォームプラン

リフォームするなら、細かい部分にまでこだわって使い勝手がよく暮らしやすい家にしたいもの。
そこで、「ナイスアイデア！」な工夫を凝らしたリフォーム技を一挙にまとめて紹介。
デッドスペースや壁面の効果的な活用法など、思わず真似したくなるアイデアが満載だ。

開放的なロフトも
巨大な収納空間に

事務所兼住宅で、打ち合わせなどを行う接客スペースからは見えない位置にロフトを設置。面積も確保されており、かなりの収容量が見込める大きな収納スペースとなった。天井が高く、明かり取りからの光も充分。

[工事金額／ロフト 約**30**万円～]

デメリットを利用して
便利な"見せる収納"に

家の構造上、どうしても外せなかった柱を逆に利用し、柱と壁の間に天板を取り付けて収納スペースとして活用した。その結果、"見せる収納"としての空間が誕生。これならきれいに収納するクセがつきそう。

[工事金額／収納棚 約**5**万円～]

階段下を有効活用した
本棚スペースに注目

リビング階段の下にできたデッドスペースに、階段と同じ角度に積み上がった木製の本棚を設置。子どもたちの格好の遊び場になり、片付けも子どもたちが自主的にするようになったという。

[工事金額／約**15**万円～]

オシャレなニッチで
空間をセンスアップ

キッチンの側面も、ニッチを付けるとこんなにスタイリッシュに変身。横に渡した鉄製の棒がほど良いアクセントになっている。オシャレな洋書や雑誌を置いて、さらなるセンスアップもできそう。

[工事金額／ニッチ 1カ所 約**2**万円～]

憩いの和空間も
床下を積極的に有効活用

家族の憩いの場となっている掘りごたつ式の畳スペース。取り外しが簡単にできる畳を外すと収納スペースが姿を現し、普段使わない食器などが納められるようになっていてとても便利。

[工事金額／掘りごたつ 約**30**万円～]

照明や新しい扉などで
さらに使いやすく改変

かなりの広さがある屋根裏収納はもともとあったもの。リフォームを機に照明を取り付けることで、暗くても物が探しやすい空間になり、利便性もアップ。さらに使い勝手が良いように、新しく両開きの扉も取り付けた。

[工事金額／約**15**万円～]

これだけ知っておけば大丈夫

リフォームの参考書 基礎講座❽のテーマ

「リフォームを始めたい！ でも何から手を付ければいいか分からない」
そんな人のために、リフォームを検討するにあたって押さえておきたい8のテーマをまとめました。

テーマ1 キッチン リフォーム
Kitchen Reform ·· P18

テーマ2 トイレ リフォーム
Toilet Reform ·· P20

テーマ3 浴室＆洗面所 リフォーム
Bath & Sanitary Reform ································ P22

テーマ4 窓、床、クロス：内装 リフォーム
Window, Flooring & more Reform ··············· P24

テーマ5 耐震 リフォーム
Earthquake resistant Reform ···················· P26

テーマ6 断熱
Thermal Insulation ·································· P28

テーマ7 住宅検査（インスペクション）
Home inspection ····································· P30

テーマ8 中古を買ってリノベーション❶❷
Real Estate Purchase & Renovation ·········· P32

テーマ 1

キッチン リフォーム
Kitchen Reform

より機能的で、
安全にスマートに。
収納スペースもたっぷり。

木製の天板と白いキャビネットが美しいキッチン。壁に貼ったモザイクタイルがキッチン空間のアクセントに

「毎日立つ場所だから」、システムキッチンの見直しで快適な空間へ

キッチンの悩みで多いのが、掃除と収納に関することだ。「調理器具がごちゃごちゃして溢れかえっている」「取り出しにくい」「排水口の汚れが気になる」「レンジフードの掃除が大変」など、読者の方も思い当たる節があるのではないだろうか。料理は毎日のことだからこそ、快適でストレスフリーな使い勝手を手に入れたいところ。

最新のシステムキッチンは、毎日キッチンに立つ人へのアンケートをもとに、掃除のしやすさ、大容量の収納、どこに何を収納したら使い勝手がいいかなどを徹底的に研究・改良した商品開発を行っている。キッチンを入れ替えるだけでも家事の負担は大きく減るだろう。

また、家事動線や意匠性にもこだわりたい。タイルや壁付け収納をうまく活用して見た目でも楽しめるキッチンへ。デザイン性の高いキッチン選びから照明のコーディネートまで、インテリアとの組み合せも合わせて計画すれば、「ワクワクする」空間をつくることができる。

Before

昔ながらの古い型のキッチン。照明も暗い

よくある悩み〈キッチン編〉

● 大きなお鍋が洗いにくい

● 調理スペースがほしい

● レンジフードのお掃除が大変

● 排水口のヌメりが気になる

● 奥に収納したものが取り出しにくい

● 収納が少ない

水栓とシンクの底の幅が狭いために、大きい鍋が回転せず、洗いにくい

深型の網かごは、生ごみを溜め込みやすく、中の部品も掃除がしにくい形状で、ヌメリの原因に

大掛かりなレンジフードの掃除は、年末の大掃除のときだけということに・・・

開き扉の場合、奥に収納したものが取り出しにくく、上がデッドスペースに

最新設備や注目の便利機能あれこれ

ごみは少し溜まったら ポイッと捨てるだけ

浅型でごみが集まりやすい形状の網かごだから、こまめに捨てる習慣ができ、汚れが溜まりにくい。排水口もシンプルな形状でお手入れ簡単。●すべり台シンク(TOTO)

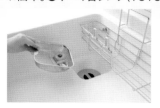

作業がスイスイこなせるのは 水栓とシンクに秘密が

水がパッと勢いよく広がる幅広シャワーの「水ほうき水栓」と、シンクの中の野菜くずなどがすべり台を滑るように排水口へ流れる「すべり台シンク」。この2つの機能で作業効率UP。●すべり台シンク、水ほうき水栓(TOTO)

なめらかな美しさ ＝掃除が簡単

コーキングのつなぎ目や段差をなくし、汚れるエリアのお手入れを簡単に。見た目の美しさも魅力。●ハイバックカウンター(トクラス)

掃除が面倒なレンジフードが 普段の掃除も簡単に

フィルターのない「ゼロフィルターフードeco」は掃除が簡単。普段の掃除は整流板の表だけ。1ヵ月を目安に整流板を開いて無理なく掃除。●ゼロフィルターフードeco(TOTO)

壁面いっぱいに据え付けた 収納でスッキリ

開閉に場所を取らない大型引き戸の壁面収納ですっきり。●アクティブウォール収納(パナソニック)

あれこれ探しながらの調理から卒業 すいすい取り出せる収納がカギ

引き出しが1度で2段引き出せて一目瞭然。必要なものが必要な場所に収納でき、スムーズに取り出せる。●らくらく親子収納(TOTO)

キッチンの基本的4パターン

キッチンの使い勝手は、キッチンの形、冷蔵庫や食器棚との位置関係、リビングとのつながり方などに大きく左右される。「家族と会話しながら料理したい」「キッチンはお客様から見えないようにしておきたい」など、ライフスタイルにあわせたレイアウトを選択しよう。

［対面オープン型］

家族とコミュニケーションをとりながら料理や片付けができるので、小さな子どものいるご家族に人気のキッチン。
ただし、対面型にするにはLDKにある程度の広さが必要。スペースの都合上、完全な対面型にできない場合でも、L型キッチンや壁付けI型キッチンの配置を工夫することで、コミュニケーションのとりやすいキッチンを実現することができる。

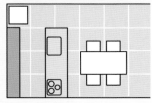

一般的な対面キッチン

間口は狭いが対面式にしたい
(II型：セパレート)

［壁付け型］

どんな部屋にも配置しやすいので、キッチンリフォームでは多い形。部屋を広く使えるというメリットがある。
ただ、冷蔵庫や食器棚、家電類の配置をよく考えておかないと、家事動線が長くなってしまうので注意が必要。

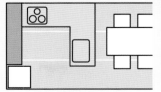
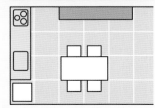

間口が狭い場合(L型で対面)

部屋は広いが、動線が長い例

清潔＋使いやすさがうれしい。
クリーンで心休まる
空間づくり。

壁や床のタイル、レトロな配管や蛇口など、施主のこだわりを随所に盛りこんだ。造作カウンターの手洗いボウルは有田焼

快適＆清潔リフォーム。
家の中でトイレが
お気に入りの場所に

最近のトイレは、便座はコンパクトかつスタイリッシュになり、自ら"除菌"する機能を備え、掃除もしやすいのでニオイもなく清潔感ただよう空間が可能になった。その便器の形や機能面においては、各社さまざまな工夫をこらし商品を展開しているので、適切な機能を選んで日々の生活を無理なく快適なものにしよう。また、節水機能も向上しており、節約とエコロジーを考えて踏み出すトイレリフォームもオススメ。

あなたのトイレ、こんなことに困ってないだろうか？

旧式の便器を使用しているトイレであれば、「掃除に困っている」「狭さに困っている」という悩みが主なリフォームの動機だ。これらの悩みを解決できるのが、最新のトイレの機能だ。気になる商品があったら、ショールームへ行って実際に目で見て触って体感しよう。ショールームアドバイザーに相談に乗ってもらいながら、商品の説明を受けるのも、参考になるだろう。

"狭さ"に困った…。

タンクと幅広の操作ボタンが付いた便器が、狭いトイレスペースをさらに狭くしている。身動きが取りづらく、掃除もしづらい

"お掃除"に困った…。

従来のトイレには便器のくぼみが多く、掃除しづらかったり、隙間に入り込んだ尿や汚れをきれいにすることができず、ニオイの原因に

最新機能でトイレ汚れやお掃除の悩みも解決!

少ない水量でしっかり洗う

渦を巻くようなトルネード水流が、少ない水を有効に使いながら、しつこい汚れも効率よく洗浄。便器の内面をしっかりと洗い流す。
●トルネード洗浄(TOTO)

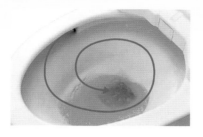

長期間維持する自浄力

TOTO独自の性能で、陶器表面の凹凸を100万分の1mmのナノレベルでツルツルにし、かつイオンパワーで汚れの吸着力を弱めることができる。●セフィオンテクト(TOTO)

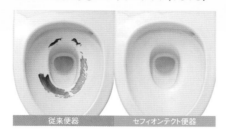
従来便器　　セフィオンテクト便器

汚れがたまるフチ裏をなくし掃除しやすく清潔に

お手入れしづらかった便器のフチをなくし、滑らかな形状にすることで、汚れをサッとひとふきすることができる。
●フチなし形状便器(TOTO)

汚れの温床となっていたすき間がリフトアップ機能ですっきり

今まで掃除できなかったすき間がリフトアップし、掃除が可能に。8cmとしっかり上がるので奥まで手と雑巾が入り、楽にしっかり拭くことができる。気になるニオイもカットしてくれる(手動タイプも有り)。●電動お掃除リフトアップ(LIXIL)

作動イメージ

使うたびにキレイが長持ちする環境にも優しい除菌機能

水道水を電解し除菌効果を持たせた"きれい除菌水"がボウル内に噴射され、トイレのきれいが長持ちする。噴射は、トイレ使用後と8時間使用しないときに自動で行われる。
●きれい除菌水(TOTO)

現在のトイレは"スリム"で"節水"が当たりまえ

節水が進んだエコロジーなトイレ

現在のトイレは技術の進歩で"節水"機能が向上し、かつては1回の洗浄に約13ℓもかかっていた水量を大幅に削減することに各社成功している。なかでもTOTOのネオレストは"超節水"をうたっており、3.8ℓの水での洗浄を実現。これは今までの水量の約75%の節水になり、1年間で浴槽約223杯分を節水するという。環境のことも考えて、新しい便器に変えてみては。●ネオレスト(TOTO)

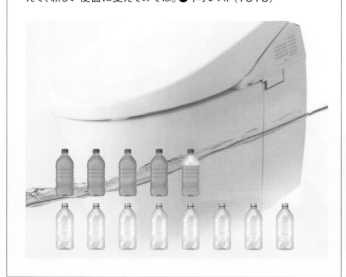

タンクレスタイプでトイレ空間を広く明るく

最近では"タンクレス"タイプの便器が人気を集めている。スタイリッシュなデザイン性はもちろんだが、トイレという狭いスペースにスリムなタンクレスタイプを置くことで、空間が広くなり、便器回りのお掃除もしやすい。各社さまざまなタンクレスタイプの便器を出しているので比べてみて。●サティス(LIXIL)

650mm

ショールーム行ってみよっ

**浴室＆洗面所
リフォーム**
Bath & Sanitary Reform

身も心もほぐす、
快適で暖かなバスタイム。
親子で笑い声がこぼれてきます。

視覚的に空間を広く感じられるように、
ガラス張りのFIX窓とドアを採用

1日の疲れを癒やす場所だからこだわりたい

システムバスにリフォームする際、掃除やメンテナンスのしやすさはもちろんのこと、1日の疲れを癒やしてくれる場所なのでリラックス効果の高い機能や性能にもこだわりたい。在来のバスルームに多い「寒さ」に対する悩みを解消するものや、＋αの癒やし効果のあるものなど、さまざまな商品が出ている。バスタブに関しては各社形状の違うものを出しているので、ショールームで実際に体験するのがオススメ。

あなたのお風呂、こんなことに困っていませんか？

〝寒さ〟に困った…。

在来工法のバスルームは家の躯体と一体になっているので、外気の影響を受けやすく、冬は寒い。また、モルタルやタイルは「温まりにくく、冷めやすい」という特徴も

バスタブも
狭くて
くつろげない…

〝お掃除〟に困った…。

タイルやコーキングの目地などがあり、掃除がしにくい。排水も髪の毛などが溜まりやすく、ヌメりも気になり素手での掃除がおっくう

最新の機能でこれらの悩みを解決！

面倒な浴室のゴミ捨てをシンプルで簡単に！

浴室のゴミ捨てをたったの2ステップで実現。浴槽排水を利用し、排水口内に「うず」を発生させ、排水口を洗浄しながら、ヘアキャッチャー内のゴミをまとめてくれる。あとは、まとまったゴミを捨てるだけ。
●くるりんポイ排水口（LIXIL）

うず発生イメージ図

排水口内がシンプル
な形状に進化し、奥ま
でしっかり手が届く

お風呂の「スミ」の汚れをすっきり

バスタブと壁が接する部分を一段高くして、目地に湯アカがつきにくく、風呂フタも壁にあたりにくい仕様に。同じく汚れやすいフロアと壁の間の接合部分も50mm高くして、すみずみまで手入れがしやすく、汚れが溜まりにくい構造に。
●スミらく仕上げ（トクラス）

浴室ならではの寒さの悩みを解消する技術が満載

暖かさと掃除のしやすさを考慮した素材

断熱クッション層を採用したことにより、床裏からの冷気をシャットアウト。足裏に吸い付くような心地よい足ざわりと乾燥の速さが魅力。

●ほっカラリ床（TOTO）

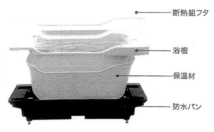

床の表面（FRP）
断熱クッション層（発泡ウレタン）
断熱床パン（高強度断熱材・発泡ポリプロピレン）
ベースフレーム

保温材で浴室全体をすっぽりと覆いあたたかさをキープ

壁、床、天井と浴槽全体をぐるりと保温材で包みこんで、しっかり保温。入浴後30分経っても、浴室内にあたたかさがとどまるので、続けて入浴しなくても家族みんなが快適に入浴できる。浴槽や風呂フタなどの細かい所にも保温剤を使用して、暖気を極力逃がさない。

●浴室まるごと保温（クリナップ）

4時間後の温度低下はわずか2.5℃

浴槽と風呂フタの保温材に加え、浴槽下も防水パンで覆って湯冷めを抑制。追い焚きを減らし、省エネ効果も。

●高断熱浴槽（クリナップ）

断熱組フタ
浴槽
保温材
防水パン

〈洗面脱衣所編〉

限られたスペースの有効活用がカギ！

脱衣や洗濯・アイロンがけ、身支度を整える場所としてなど、限られた狭いスペースの中でたくさんの役割を担っている洗面脱衣所。その室内でメインとなる洗面台は、こまごまと散乱する小物をすっきりさせる高い収納力や、1台で何役もこなす＋αの機能、きれいで清潔に使える工夫がされた機能を兼ね備えていることが重要だ。

〝収納〟に困った…。

収納ボックスがないと、しまうところがない。化粧品類や整髪料など身支度を整えるための細かい道具が散乱して困る

〝お掃除〟に困った…。

排水口と蛇口回りのお掃除が大変。洗面台を使った後、床に水滴が落ちているのも、いちいち拭くのが面倒

通気性に優れ取り外しも簡単

ステンレス製の網棚は、湿気や臭いを自然に換気してくれる。●乾くん棚（トクラス）

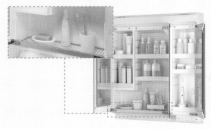

排水口の奥までお掃除カンタン

排水口の底部分に凹凸がなく、スポンジでサッと掃除できる。ななめ形状のヘアキャッチャーが、スムーズに通水する。
●てまなし排水口（LIXIL）

磁石の反発力で排水栓を開閉

デッドスペースを解消したたっぷり収納

従来品だと排水管が邪魔で狭くなりがちだった収納を、排水管の形をシンプルにして広く使えるようにした。
●奥ひろ収納〝奥ひろし〟（TOTO）

排水管によるデッドスペース
〈従来品〉
〈奥が広い〉

窓まわりや壁面を新しくしたら、お部屋の表情も光に満ちていきいきと。

窓とカーテンで部屋の表情がガラリと変化

クロスやスクリーンで変化をつけた和室が誕生　　　　レースのカーテンでコーディネートすることでやわらかい光に包まれる

クロスを上手に組み合わせると多彩なテイストが実現

壁一面をデコラティブな柄クロスでアクセントに　　　和室コーナーにウィリアム・モリスの壁紙　　　青いクロスと柄入りのアクセントクロスをあしらった洗面脱衣所

ファブリックを差し色としてコーディネート

レースカーテンの新しいコーディネート

単なる日差しよけではない装飾的なものが多く出てきている。ここ数年の人気はドレープカーテンの手前にレースカーテンをかけるコーディネート。昼は太陽の光でレースの柄を柔らかく浮き立たせ、夜は二枚重ねてイメージを一新。レースの柄がより鮮明に映えてとてもきれいに。時には、厚手のカーテン一枚で使用してイメージチェンジも。窓辺の印象がドラマチックに変わるだろう。

ラグとソファの相性がお部屋のセンスをアップさせる

ラグはお部屋の印象を大きく左右する重要なアイテムだ。家具を引き立てたり、カラフルなアクセントにもなったりする。グリーンのラグは落ち着いたウォールナットの床色と相性が良い。そしてソファとの相性を基準に考えるのが、ラグ選びのポイントの1つ。ソファを置く位置もポイントの1つで、ソファの横幅より少し大きめのラグをソファの下に敷くと、ラグが動かず安定する。

大きさや色、柄などで遊んで部屋全体の差し色に

ソファにクッションを並べるとき、同じ大きさのものを並べる方法と、あえて大小取り混ぜる見せ方があり、色の調整とポイントになり動きも出て面白い。カーテン×クッションやソファ×クッションの楽しく美しいコラボレーションなどで異なる表情が出て魅力的な空間に。椅子の上に個性的なクッションをポンと置くだけでかわいいコーナーになったりと、手軽なグッズのひとつだ。

人気の壁材・エコカラットプラスに注目!

室内壁材「エコカラットプラス」は、健やかな住環境に近づけてくれる優れもの。
3つの働きが日々の暮らしを快適にし、健康をサポート。豊富なバリエーションで、空間演出も多彩に。

調湿作用
カビ・ダニが増えにくい、快適な湿度を保つ。

湿度が80%以上のジメジメとした環境では、カビやダニの繁殖が進む。逆に湿度40%以下のカラカラとした環境では、ノドや鼻の痛み、肌荒れが起こり、インフルエンザなどにもかかりやすくなるといわれている。なかなか難しい湿度コントロールだが、エコカラットプラスがあれば、快適な湿度につつまれた気持ちのよい暮らしが期待できる。

〈カビ・ダニの繁殖と湿度〉

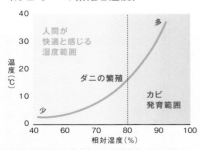

※部屋の使用状況、気象・換気などの環境条件によって異なる。カビやダニが発生・繁殖しないことを保証するものではないので注意。

浄化作用
有害物質を吸って、クリーンな空気を出す。

家具や他の建材から揮発し、シックハウス症候群の原因ともなる有害物質(ホルムアルデヒド、トルエンなど)をエコカラットプラスが吸着し、空気中の濃度を低減する。もちろんエコカラットプラスの原料には、これらの有害物質は使われていない。

〈有害物質の低減効果〉

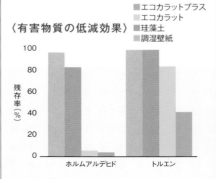

※建材、家具の配置、気象、換気などの環境条件によって異なる。

脱臭作用
4大悪臭を大幅脱臭。フレッシュな空気を届ける。

ニオイの4大悪臭成分といわれるのが、アンモニア(トイレ臭)、メチルメルカプタン(ペット臭)、トリメチルアミン(生ゴミ臭)、硫化水素(タバコ臭)。エコカラットプラスは、それらの成分を吸着し、珪藻土よりも優れた脱臭力を発揮する。

〈4大悪臭の残存率〉

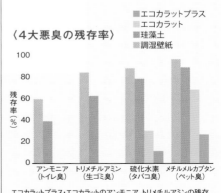

エコカラットプラス・エコカラットのアンモニア、トリメチルアミンの残存率は検出限界以下。

いざというときに被害を最小限に抑え、家族と財産を守る。

耐震リフォームの現状

阪神・淡路大震災では約6,500人が命を落としたが、そのうち、地震の直接的被害で亡くなった人は約5,500人に上る。その中で建物の崩壊で亡くなった人は約88%。焼死した人は約10%だったが、焼死した人のほとんどは、倒壊した家屋の下敷きになって逃げられなかった人と推測されるため、5,500人のほとんどが建物の崩壊が原因で亡くなったといえる。いざというときに命を守るためには、建物の耐震化リフォームへの早急な対応が望まれる。

耐震リフォームの方法

筋交い補強

木造在来軸組み工法は地震などで横揺れした時に変形する可能性があるので、筋交いを入れ補強。引き抜く力がかかるので土台、柱、桁とのつなぎも金物で補強。よくテレビなどにでてくるのは、この筋交いが途中で切れていたり、土台、柱と接続していなかったりする現場だ。気を付けて確認したいところ。

金物補強

筋交いを止めたり、桁を止めたり、柱が土台から抜けるのを止めたりとそれぞれの用途によって金物が違う。耐震リフォームには必要な工事。

土台、柱の取り替え

水回りの周囲の土台、柱が腐っているということがよくある。家の荷重がかかるところだけに、そのままにしておくわけにはいかない。すべてを取りかえることはできないので、部分取り換えになる。

基礎補強

昔は基礎が無筋であったり、逆T字型になっていないものがあった。無筋の場合、鉄筋で既存の基礎につないで内部に基礎を増し打ちしたり、べた基礎にして一体化したりなど。外側にスペースがあれば既存基礎の外側を削り、新たに布基礎を打つ方法もある。

構造用合板補強

既存建物の耐震補強では、内側から構造用合板を利用するのが効果的。柱、土台、桁などを構造用合板で止めていくと、面で固定するため、壁倍率も2.5以上に上がる。

耐震診断をしてもらい、適切な施工をしてもらおう

耐震リフォームは、専門家に耐震診断を行ってもらうのがオススメだ。診断方法は、建物を壊さずに目視などで建物の現況を調べる「一般診断」と、建物の一部を壊して建物の現況を調べる「精密診断」があるが、ここでは一般診断を紹介する。
下記の表の項目に沿って評点を合計すると、[1.5以上:倒壊しない、1.0点以上〜1.5未満:一応倒壊しない、0.7点以上〜1.0点未満:倒壊する可能性あり、0.7点未満:倒壊する可能性が高い]という診断結果が出る。そして、構造的に弱い箇所を明らかにした上で、耐震金物で補強したり、外部から補強金物を取り付けたり、屋根材を軽いものにするなどの耐震リフォームを行う。評点1.0点以上にするには全面リフォームがいい機会。本格的に耐震リフォームを行うとなると、床・壁・天井を剥がすか、外壁側を剥がすなどの大がかりな施工が必要だ。

Before 1F　Before 2F

After 1F　After 2F

■ 火打ち梁
■ 耐力壁

建物の4隅と2階の重量負荷がかかる場所に火打ち梁を施工した例

一般診断の主な調査項目

・各室の間取りの調査　　　・小屋裏接合部金物調査
・内壁の仕上げの確認　　　・床下腐朽調査
・床の傾斜、柱の方向の調査　・基礎クラック調査
・床のきしみ、ひずみの調査　・外壁ひび、浮き、割れ調査
・タイルのクラック調査　　・瓦割れ、ずれ調査
・配管からの漏水調査　　　・沈下や陥没箇所調査
・小屋裏筋交いの有無の調査　・地盤クラック調査

詳しくは、(一財)日本建築防災協会「誰でもできるわが家の耐震診断」へ

耐震リフォームの費用

耐震リフォームはいろいろな工事の仕方があるので、内容や範囲によって費用や工期はさまざま。(一財)日本建築防災協会のデータをみると、耐震リフォームの工事費は100〜150万円が最も多いようだ。
耐震リフォームの概算金額を知れば、住宅の延床面積と住宅の評点差から概算費用を出すことができる。

部位ごとの費用の目安

外壁　13〜15万円／910mm（半間）

外壁側から筋交いや構造用合板により補強し、外壁のモルタルや塗装の仕上げを含む。耐震リフォームのみの場合は約15万円だが、その他のリフォームと合わせて工事する場合約13万円。

基礎　4〜5.5万円／㎡

無筋コンクリートへの増し打ち補強や耐力壁下への基礎の新設等の場合。新設の場合5.5万円から、増し打ちの場合4万円からが目安。

屋根　1.5〜2万円／㎡

瓦からスレート屋根や鋼板屋根に葺き替える場合の目安。

内壁　9〜12万円／910mm（半間）

押し入れ内や室内側から筋交いや構造用合板により補強。耐震リフォームのみの場合約12万円だが、その他のリフォームと合わせて工事する場合約9万円。

金物取付　1,000〜3,000円／カ所

基礎との堅結、筋交い・構造材との堅結など場所や用途によってさまざま。その他のリフォームと合わせて行った場合が効果的。

　いずれも目安だが、耐震リフォームの場合は付帯する工事がどうしても必要になってくるので、そのあたりを考えながら予算を組もう。

耐震リフォームにかかる概算金額の計算方法

27,000円／評点・㎡×（耐震リフォーム後の評点─耐震リフォーム前の評点）×延べ床面積（㎡）＝耐震リフォーム工事費用

[例えば、延べ床面積100㎡で耐震リフォーム前の評点が0.5点、リフォーム後が1.0点となった時の費用の目安は、]
27,000円×（1.0─0.5）×100＝135万円となる。

断熱性を高めた家は室内温度を快適に保つ体に優しい住まい。

部屋を移動した時の急激な温度差が、ヒートショックを起こす

室内温度の急激な変化により、心筋梗塞や脳卒中などを引き起こすことを「ヒートショック」という。これは体が体温を一定に保とうとして、血管を弛緩または収縮させて血流を調整しようとする働きから起こる。家の中でも、暖かいリビングから寒い廊下やトイレ、浴室へ移動した時に起こりやすく、特に冬場の家庭内事故のなかで大きな割合を占めている。

築年数が20年、30年と経過した家は、断熱材が入っていなかったり、壁の中で湿気が溜まり、断熱材が朽ちていたりするケースが多く、また、日本建築や古民家などは隙間が多いために、家全体が寒く冷え切っていることが多い。家族が集まるリビングは暖房器具を一日中つけて暖かいが、そこから一歩出ると「冷やっ」と感じる不快感。これが深刻な病気を引き起こす原因なのだ。

家庭内の死亡事故原因に、ヒートショックによる浴室内溺死が挙げられる。寒暖差による循環器系疾患に要注意

気密性・断熱性を高めて、体に優しい生活を

家庭内で死亡した高齢者の4分の1が、この「ヒートショック」が原因といわれている。実際、交通事故死の減少に対して、家庭内事故死は年々増加している(右グラフ)。「ヒートショック」による家庭内事故死は、統計上の件数以外に、浴室で高齢者が亡くなっても死因として特定されないケースがあり、それらを含めると年間約2万人との見方があるほどだ。

予防策としては、家の中の温度差を小さくすること。室内温度を一定に保つことは、体に優しく健康を維持しやすいだけでなく、活動的な生活を送ることができる。対策としては、①断熱材を隙間なく入れて、外気温に影響されにくい気密性の高い家にする ②窓(開口部)をペアガラス・トリプルガラスや二重窓に変えて断熱性を高める、といったリフォームがあげられる。

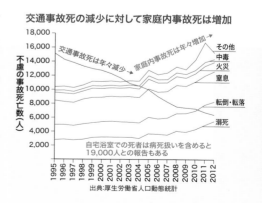

交通事故死の減少に対して家庭内事故死は増加

不慮の事故死亡数(人)

交通事故死は年々減少　家庭内事故死は年々増加

その他
中毒
火災
窒息

転倒・転落

溺死

自宅浴室での死者は病死扱いを含めると19,000人との報告もある

出典:厚生労働省人口動態統計

F様邸の場合

部屋の内側に断熱材。窓は二重サッシに

14年前に転勤が決まったのを機に、マンションを購入したFさん。住みはじめて感じた難点は、寒さと結露。そして10年が過ぎると次第に壁紙のはがれやカビが目立つようになってきた。リフォームにあたり「予算ありきではなく、住みやすい環境」を目指し、「下地や断熱材は本当にいいものを」と希望。結露防止を最優先に、外との接地壁には部屋の内側に壁面断熱材を施工。また、窓は内側に二重サッシを増設して、外からの冷気を遮断した。断熱性を高めた家は、結露の発生を防ぐだけでなく、夏の電気代が前年に比べて3分の2に。意外な副産物にも大喜びだ。

Reform Plan

結露防止は最優先課題。2人の娘さんの成長により部屋も必要となり、納戸を撤去して洋室の間仕切りを変更することで2人にそれぞれの部屋ができた。和室の床下やキッチンカウンターの下など、空間を有効に使うことで、収納スペースを確保。

Data

リノベーション費用／1,000万円
施工面積 …80㎡
施工箇所 …全面
工事期間 …2.5ヵ月
築 年 数 …14年
種　類 …マンション
家族構成 …夫婦＋子ども2人

Before

After

■ 壁面断熱材
■ 2重サッシ

古民家の良さを生かしながら、現在の建材で断熱性能UP

本来、日本家屋は高温多湿の日本の風土に合わせて建てられてきた。夏に快適に過ごせることを前提に、障子や襖を多用して間仕切りを自由に調整できる風通しのいい間取りに。そして、高い日差しを遮るために庇を長くしている。しかし冬になると、隙間風が入ったり、日差しが入らない暗い部屋ができたりと、寒さを強いられることも多かった。温暖化が進む昨今では、夏に風通しの良さだけで過ごすことが難しくなってきており、一年を通して快適な空間が求められている。古民家が持つ趣を生かしながら、壁や天井に断熱材を施し、二重窓やペアガラスを採用することで、昔の情緒と現代の技術が融合した家に生まれ変わる。

古い家の弱点は断熱性能。間取り変更を伴う大掛かりなリフォームと合わせて、壁や天井に断熱材を施して、断熱補強もしっかりと行う

断熱・気密がしっかりとしている住まいは、暖房や冷房などのエネルギー効率をよくすると同時に、冷暖房をしている部屋とそうでない部屋の温度差を少なくすることができる。室内の温度が一定に保たれることで温度差によるヒートショックなどの家庭内事故のリスクを軽減することにつながる。

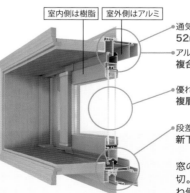

室内側は樹脂　室外側はアルミ

● 通気工法・厚壁化などに対応できる
52mmのワイドな枠出幅
● アルミと樹脂を一体化させた
複合構造
● 優れた断熱性能を生む空気層12mmの
複層ガラス
● 段差をなくし一段上の水密性能を実現した
新下枠構造

窓の面積の多くを占めるガラス選びが大切。光を取り入れながら、断熱性能も兼ね備えた窓選びをおすすめしている。

断熱材の施工やサッシの取り替えで1年中快適な空間へ

家族を守る住まいだから事前に信頼できる機関の住宅診断の実施を。

インスペクションを実施して安心を手に入れよう

インスペクションを実施するのは基本的に建築士で、所定の講習を受講し、建築士事務所に所属する住宅建築の専門家である。通常の一戸建ての場合は約3時間かけて住まい全体をチェックしており、そのチェック項目は、基礎ひとつをとっても、クラック、ヒビ、鉄筋の露出、白華（石材やコンクリートの表面に現れる白い筋）と多岐にわたる。また、床下点検口の内部のチェック（蟻害や湿潤の有無、床下構造材のズレや割れの有無など）や屋根裏、さらに屋根や外壁といった外観なども含まれる。NPO法人ひょうご安心リフォーム推進委員会では、これらの調査結果をA4用紙17ページの報告書としてまとめ、図面に劣化箇所と内容を書き込んでご確認いただいており、一定の公的効力を持つ書類として不動産取引の際に活用いただいている。

インスペクションとは

インスペクションとは住宅診断のことで、「既存住宅状況調査」や「建物の構造耐力上主要な部分等の状況調査」のことを指す。構造の問題をはじめ、雨漏りや排水設備など、国が定めた項目について、第三者の専門家がチェックして報告する制度であり、日本では2018年4月から中古住宅取引の際にはインスペクションの説明が義務化された。しかし、現状では売り手が取引価格の低下などを懸念することもあり、あまり普及していない。

検査の部位例（戸建て住宅）

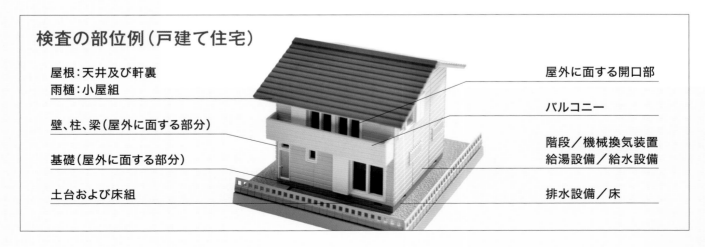

屋根：天井及び軒裏
雨樋：小屋組

壁、柱、梁（屋外に面する部分）

基礎（屋外に面する部分）

土台および床組

屋外に面する開口部

バルコニー

階段／機械換気装置
給湯設備／給水設備

排水設備／床

インスペクションを行う5つの理由

住宅の状態を客観的に診断するインスペクションは、中古住宅取引を行うとき以外にも実施する多くのメリットがある。

1 既存住宅の合理的なメンテナンスに

現在住んでいる住宅の状態を確認するためにも、インスペクションの受診は有効である。例えば築10年を超えるとメンテナンスが必要と言われている。どこから手をつければ良いのかわからない、という場合もインスペクションを受けることで、問題箇所の早期発見につながることも少なくない。定期的なインスペクションの受診とメンテナンスが、住まいの長持ちにつながるのだ。

3 リフォーム補助金活用の際に

住宅の耐震リフォームや省エネリフォームなど住宅の性能向上や子育てしやすい環境整備を目的とした補助金に「長期優良住宅化リフォーム推進事業補助金」（通称、長期優良補助金）がある。これは規模の大きなリフォームに出される補助金制度で、補助金を受けるにあたってはインスペクションの実施が条件となっている。インスペクション費用の3分の1が補助されるほか、インスペクションによって判明した劣化箇所の修繕や性能向上リフォーム工事、3世代同居リフォームなどの諸条件の組み合わせにより、80万円程の補助金を受けることが可能で、リフォームの補助金としては最大の補助額となっている。

※長期優良補助金以外にもインスペクションが要件となっている補助金がある。

4 魅力のある物件に格上げ

住宅は築年数が増すごとに資産価値が低下。特に戸建て住宅の場合は売れにくい傾向にある。しかし、インスペクションを行うことによってきちんと修繕を行い、瑕疵保険をつけられる状態になると一転、魅力のある物件に。住宅ローン控除の対象にもなり、買い手がつきやすくなる。

2 住宅ローン控除の申請にも

住宅ローン控除とは、住宅購入費用を借入れして申請すると、残債の1%程度が10年間（現在は13年間）にわたり戻ってくる制度のこと。金額が大きいだけに、200万円以上の減税となる場合もある。この住宅ローン控除の対象となる中古住宅には、

【1】鉄骨築25年以内・木造築20年以内
【2-A】上記以外（1981年より新しい）:住宅瑕疵保険の加入
【2-B】上記以外（1981年より古い）:住宅瑕疵保険の加入or耐震基準適合証明書

という要件があり、このうち【2-A】【2-B】の住宅瑕疵保険の加入要件に、インスペクションとその指摘事項の修繕がある。（ただし、インスペクションは不動産売買契約前である必要がある）
インスペクションの費用と修繕費の合計が200万円かかったとしても、節税分で賄える可能性があり（しかも修繕はいずれ必要なもの）、瑕疵保険もついてくるのでかなりお得になる。
ただし、【2-B】に関しては耐震診断をして、その結果補強をしないといけないケースが大半で、耐震補強費用が高額になりがちである点に注意が必要である。インスペクションを実施せずに、耐震基準適合証明書を取得することで住宅ローン控除を受けることも可能だが、この場合は瑕疵保険をつけることができない。

5 中古住宅購入時の基準に

中古住宅は間取りや立地、広さなどの条件が合致したとしても、建物が抱えている構造の問題や内部の状態について、一般の人が分かる範囲は限られている。実際に、入居後に次から次へと問題が発覚し、修繕費がかさんでしまったという例は多くある。だからこそ、第三者である専門家によるインスペクションがますます重要な意味を持つのだ。購入する前にインスペクションを実施しておくことで、修繕費を含んだ費用の計算ができる上、それによって住宅ローン控除や瑕疵保険の対象となる場合もあるので、事前に相談を。

住宅検査（インスペクション）は安心安全な、NPO法人ひょうご安心リフォーム推進委員会へ!

メールフォームでのお問い合わせはコチラから

お電話でのお問い合わせはコチラから

NPO法人ひょうご安心リフォーム推進委員会
〒652-0803 兵庫県神戸市兵庫区大開通7-1-21
TEL/FAX:**078-575-3128**
電話受付:平日9:30～17:00（土・日曜、祝日は除く）

リノベーションで大変身!
築数十年の中古住宅が
感動の住まいに生まれ変わる。

「こんなに古い家、とても住めそうにない
な……」そんな印象の中古戸建てでも、
まるで新築のような自分好みの家につく
りかえる—その手段がリノベーションだ

住宅購入ではなく「したい生活」が目的

本誌を手に取っているあなたは、中古を買ってリノベーションをお考えか、新築を含めマイホームの取得をお考えかと思います。では、1つ質問をさせてください。——あなたは、なぜマイホームを持ちたいのでしょうか? 「家賃がもったいないし、いつかは持ち家が欲しいから…」こんな風にお考えでしょうか。確かに、家賃を払い続けても自分のものになるわけではありません。しかし、マイホームを持つこと自体は「目的」ではなく「手段」です。本

当の目的は「家族と明るい会話をしながら食事をしたい」「子どもたちが安心して暮らせる自然素材の家にしたい」「自分好みのカフェ風の空間にしたい」という「あなたのしたい生活」を実現することだと思います。予算条件もよく、建売住宅にはない自分たち家族のための家が手に入ることから、ここ数年、20代半ば〜30代の方たちの間で「中古を買って、リノベーション」の需要が増えています。

Before

空き家で誰も住んでいなかった築28年の平屋

家賃並みの支払いで「完全中古注文住宅」

「新築一戸建ては手が届かないから…」そんな理由で中古物件を検討している人もいるかもしれません。例えば、広島では中心部に注文住宅を建てるとなると3,000万円〜4,500万円前後、建売住宅でもやはり2,500万円前後にもなります。しかし、中古住宅購入＋リノベーションであれば、平均値でいくと1,500万円前後の中古物件を購入し、リノベーションに850万円、諸経費150万円で約2,500万円。この場合、ボーナス・頭金

0円で住宅ローンの支払いが約7万円程度となれば、家賃並みで自分たちの思うようなマイホームが買える計算になります。しかも、マンションであれば配管を新しくでき、戸建て住宅に耐震補強を施せば安心して長く住むことができる住まいになります。いわば、「中古を買って、リノベーション」は新築よりも割安に、間取り、内装、設備機器などを刷新できる「完全中古注文住宅」ともいえるでしょう。

「資金計画」「中古物件探し」「リノベーション提案」3役ができる 中古住宅購入＋リノベーションのプロに相談を

不動産選び、物件購入とリノベーション費用の資金計画など、複数のことを同時に進めなければならない「中古を買って、リノベーション」の進め方は少し特殊で、さまざまな工程で対応する担当者が変わるので、やりとりも大変です。そこでおすすめなのが、「資金計画（住宅ローン）」「不動産物件探し」「リノベーション提案」という3つの相談を1社で受ける『ワンストップサービス』です。特に、リノベーションを前提とした中古物件探しは間取り変更や内外装の刷新を踏まえての目利きが大切です。物件購入時のローン手続きやリノベーションの見積り・プラン作成など、購入前後の慌しい手続きにも慣れたスタッフが対応できるようにしています。「何から始めていいかわからない」という方は、ぜひ一度ご来店ください。

STEP1 モヤモヤ解消、したい生活 — 家族で話し合い

STEP2 お金のこと — 金融機関と借り入れについて計画を立てる

STEP3 物件探し — 不動産屋さんと物件探し / リノベ担当者と物件確認

STEP4 リノベプラン — リノベ担当者と予算とプランの相談

STEP5 購入〜着工！ — 住宅ローンの契約 / 不動産売買契約 / 工事請負契約

それぞれのSTEPで、対応する担当者が変わるのでやりとりが大変です。

ワンストップサービス（1つの窓口）

1つの窓口で"資金計画""物件選び""リノベーション"を相談できれば、コミュニケーションもとりやすく安心。

 Point 物件購入費とリノベーション費用の予算配分に気をつけよう

物件価格は築年数、広さ、立地条件に応じて相場が決まっている。好条件であればリノベーションにかける予算を少なめに、全面リノベーションが希望であれば築年数の古い物件を狙うという考え方もある。

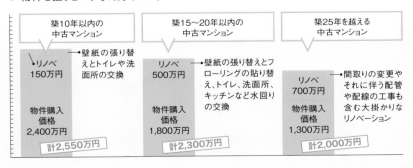

築10年以内の中古マンション	築15〜20年以内の中古マンション	築25年を越える中古マンション
リノベ150万円 →壁紙の張り替えとトイレや洗面所の交換	リノベ500万円 →壁紙の張り替えとフローリングの貼り替え、トイレ、洗面所、キッチンなど水回りの交換	リノベ700万円 →間取りの変更やそれに伴う配管や配線の工事も含む大掛かりなリノベーション
物件購入価格2,400万円	物件購入価格1,800万円	物件購入価格1,300万円
計2,550万円	計2,300万円	計2,000万円

Point いくら借りられるかではなく返せる金額で

「返せる金額」とは、「現在の給与で家賃を払いながら貯金がいくらできるか」ということ。これが1万円だという人は、家賃プラス1万円までが「返せる金額」にあたる。注意すべきはお金がかかるのは住宅ローンだけではないということだ。マンションなら修繕積立金と管理費、駐車場代、また教育費や将来に向けた貯蓄も含めて考えなければならない。

よくある質問にズバリ回答。中古を買って、リノベーションQ&A。

Q.1
まずは、何から始めればいいの?

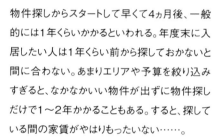

A 資金計画、物件探し、リノベーションを1つの窓口で相談。

「中古物件+リノベーション」でやるべきことは大きく分けて3つ。1つは「資金計画」、次に「物件探し」、そして「リノベーションプラン」。実は、それぞれ窓口が異なり、「資金計画」は金融機関、「物件探し」は不動産会社、「リノベーションプラン」はリノベーション・リフォーム会社が担う。

しかし、現実は「物件購入予算が分からないと物件探しもできない……」「リノベーション予算が分からないと金融機関にも行けない……」と壁にぶつかることも。いい物件が見つかっても、リノベーション予算やプランを出してもらっている間に売れてしまったら、また1から探さなくてはならない。複数の会社に、資金計画、物件購入、リノベーションを相談すると、話をまとめるのにも一苦労。なので、できるだけ、資金計画→物件探し→リノベーションプランを、ワンストップ（1つの窓口）で相談できる会社を見つけることが大切だ。

Q.2
今から動いていつくらいに入居できるの?

A 入居は早くて4ヵ月後。一般的には約1年かかる。

物件探しからスタートして早くて4ヵ月後、一般的には1年くらいかかるといわれる。年度末に入居したい人は1年くらい前から探しておかないと間に合わない。あまりエリアや予算を絞り込みすぎると、なかなかいい物件が出ずに物件探しだけで1～2年かかることもある。すると、探している間の家賃がやはりもったいない……。

リノベーション工事期間も工事内容によってさまざまだが、全面リノベーションの場合は2ヵ月は必要だ。「いつまでに入居したいか」を考え、そこから逆算してみると、意外に時間がないことに気付く。

「資金計画」や「リノベーションプラン」であまり時間を使うわけにもいかない。また、物件探しはA社、リノベーションはB社と分けて契約すると、両社間のスケジュール調整が大変だ。不動産、リノベーション部門が連携している会社なら、スムーズに入居することができる。

主な期間は、以下の通り。

	期　間
物件探し	1～6ヵ月（長い人は1～2年かかる）
契約～決済	1ヵ月
打合せ～着工	1ヵ月
完工、引き渡し	1～2ヵ月

Q.3
将来、売ったり、貸したりできるの?

A 価値は変動するもの。現状の快適性を最優先して。

都心や郊外、住宅街など価値観やニーズは人によってさまざま。

「転勤があるかもしれない……」「退職したら実家に帰るのでその時は売りたい……」。家を買う時に、将来のことを考えて、「売ったり、貸したりできるかどうか」を心配することってあるのでは?

一般的には、立地のいい場所は売ったり、貸したりすることがしやすいと言われている。しかし、これも20～30年先を考えると何とも言えない。なぜなら、年を取ったら病院やお店が近い都心のマンションがいいという人もいれば、静かにのんびり暮らせる閑静な住宅地がいいという人もいる。若い方でも郊外型のマンションがいいという人もいれば、都心のマンションがいいという人もいる。また、1階でないと嫌だという人も。人によって価値観やニーズがさまざまなので、どんな場所がいいとは一概には言えない。買ったり・借りたいという人がたくさんいなくても、1人いれば売ったり・貸したりすることができるのが不動産だ。今の時代は5年、10年先すらどうなるかは分からない。20～30年後がどうなるかを心配して家探しをするよりも、今の自分たち家族が快適に暮らすことを最優先して家探しをするといいだろう。

アーベリーリフォーム

株式会社ウオハシ

N-STYLE株式会社

株式会社大林設備工業

株式会社
神戸リフォームハウジング

株式会社コーヨー

駒商株式会社

株式会社清水設備

株式会社Joy Life

株式会社正建工業

シンワクライム株式会社

大松建設株式会社

髙井工業株式会社/
株式会社ユニクレア

株式会社トータル企画
MASAKI

有限会社西神戸リフォーム

株式会社眈プランニング

有限会社HUTT(ヒュート)

有限会社平野工務店

有限会社ミオ・デザイン

株式会社元庄屋

株式会社モリ/
モリ・リフォーム

株式会社ゆめや

リアルワークス有限会社

LIXILリフォームショップ
橋本建設

安心できる兵庫県内の
リフォーム会社をご紹介

神戸市

アーベリーリフォーム

住まいのホームドクター・コンビニとして身近な存在に

アーベリーリフォームでは、「はじめまして！ そしてこれからも」という思いで、リフォームのプロであるスタッフが自信を持ってお客様の家づくりをお手伝い。「安心・安全・便利」をモットーに、快適で安らげる空間を目指して、お客様にぴったりのリフォームを提案している。常に心掛けているのは、地域のホームドクターであり、コンビニエンスストアのような存在であること。地球環境に配慮したエコリフォームやバリアフリーリフォーム、デザインリフォームもぜひご相談を。

「安心・安全・便利」のアーベリーリフォーム。専門スタッフがより良い住まいを提案

こだわり

海の見える立地を生かして リゾート気分で過ごせるLDK

「海が好き」というお施主様のお話をうかがい、窓の眺めを楽しめるような心地よい住まいをご提案。LDK横にあった和室を取り払いリビングと一体化させてひとつながりの広い空間に。来客時はパーテーションをさっと閉めて目隠しもできる。爽やかなブルーのアクセントクロスを採用したことで、リゾート気分で過ごせる快適な空間に仕上がった。

家族や友人の宿泊にも対応できるよう、リビングの一部にパーテーションを設置。プライバシー対策にも

開放的なキッチン。来客時はロールスクリーンを下げると目隠しに

海の見える景色を眺めながら、友人たちを招いてパーティーや団らんができるLDK。インテリアは奥様が好きなハワイアンテイストに

扉の向こうには6帖ほどのウォークインクローゼットを新設。収納力がアップし、全ての部屋がスッキリと

BEFORE　AFTER

企業DATA

代表あいさつ

代表取締役
安田 正人氏

より快適で「安心・安全・便利」な住まいのためのコンビニエンスストアとしてサービスをご提案できるように心がけております。小さな修繕からリノベーション、長期優良住宅まで幅広く、対応しておりますので、お気軽にお声がけください。

- ●住所/神戸市垂水区星陵台1-2-9 星陵台ハイツ1F
- ●営業時間/9:00〜17:30
- ●定休日/水曜
- ●施工エリア/神戸市全域、明石市、芦屋市、西宮市
- ●有資格者/二級建築士1名、インテリアコーディネーター1名、増改築相談員1名、福祉住環境コーディネーター1名、石綿作業主任者1名、建築物石綿含有建材調査者2名
- ●ローン/オリエントコーポレーション、ジャックス、VISA、マスターカード

●資料請求・お問い合せ先

☎ 0120-141067
FAX 078-782-7153
✉ a-very-141@cronos.ocn.ne.jp

アーベリーリフォームの公式HPはコチラから！

高砂市

株式会社ウオハシ

創業125年
地域密着企業に安心してお任せを。

「ずっと続いている会社だから、次にリフォームしたいときにまたお願いできるね」。創業以来125年にわたって弊社が長く続けられたのも、加古川市・高砂市を中心とした地元の皆様からのご信頼をいただけたからこそ。最近は住宅リフォームにとどまらず不動産事業部を立ち上げるなど、住まいに関する全てを総合的にサポート。ウオハシは、これからも「早く家に帰りたいな」「友達をいっぱい招きたいな」と思っていただけるような「ほっと安心して過ごせる住まい」の提供を実現していく。

16名のスタッフが皆様の安心・安全な住まいをサポート!

こだわり

築40年の物件を
全面リフォームで快適空間に

もともと築20年の中古物件だったという住まいを、40年になるのを機に全面リフォーム。床はきしんで水回りの傷みがひどく、収納スペースも不足気味だったとか。数社に見積相談をするものの予算に合わなかったことから、知人の紹介で弊社にご相談。「ここをこうしてほしいとか、工事をしているときに細かく聞いてもらえた」とお施主様。完成後は「全部が気に入っています。特にリビングからの眺めがよくずっと家にいたい」とご納得の出来栄えに。

「白いお家にしたい、収納を増やしたい」というお施主様のご要望が叶ったLDK。コンセントの位置や家電収納にもこだわった

限られたスペースでも収納を確保できるよう、Ⅱ型のキッチンに。換気扇を奥にしたことでよりスッキリと

玄関にはシューズクロークを新設。家族の靴や小物を全て収納できる大容量スペースを確保した

全てを新しくするのではなく昔の住まいの面影もちらり。お子様たちの成長記録が残る柱をあえて残した

DATA 加古川市 Y様邸 築年数…40年 工事期間…約150日

企業DATA

代表あいさつ

代表取締役
魚橋 正吾氏

創業125年の弊社で私は4代目になります。これもひとえに地元の皆様からの厚い信頼をいただけたからこそ。お客様と感動を分かち合い、ご家族の皆様が喜びや幸せを感じられる居住空間をつくり上げるために日々頑張っております。

●住所/高砂市米田町米田313-1
●営業時間/9:00~17:00
●定休日/第3日曜
●施工エリア/高砂市、加古川市、姫路市、三木市、播磨町、稲美町、明石市、加西市、小野市
●有資格者/一級建築士2名、二級建築士1名、既存住宅状況調査技術者（インスペクター）2名、LIXILエクステリアマイスター2名、ドローン操縦士2名、宅地建物取引主任者1名、下水道排水設備工事責任技術者1名、給水装置工事主任技術者1名、第2種電気工事士1名、液化石油ガス設備士1名、2級建築施工管理技士1名、窯業サイディング塗替診断士1名、ホームヘルパー2級1名
●保険・保証/工事賠償責任保険

●資料請求・お問い合せ先
☎0120-41-6222
FAX079-434-3801
✉info@uohashi.co.jp

株式会社ウオハシの公式HPはコチラから!

 新築・建て替え ✱ シロアリ・メンテナンスリフォーム 介護リフォーム

姫路市

N-STYLE株式会社

自社大工による建築の
プロ集団が提案する健康な住まい

N-STYLEは、お客様の夢やご要望をマイホームというカタチにすることをとことん追求し、棚ひとつから新築・住宅リフォーム、店舗改修まで、幅広く手掛けている。なかでも"おうち修理マイスター"を名乗る代表がこだわるのは、職人の技。代表を含む4名の自社大工が、大工として培ったノウハウとネットワークを生かして、お客様のさまざまなご要望に対応。電磁波を抑えた「オールアース住宅」や健康維持に欠かせない「水」に関する工事提案なども行っている。

柱や梁などの躯体は生かし、建具や格子を入れ替え。レトロモダン調にまとめたリビング

こだわり

「再び人が集う場所に」
匠の技が光る古民家再生

築100年以上になる古民家のフルリノベーション事例。空き家となり荒れ果てていた家を再び人が集う場所にして生まれ変わらせたいと考えたお施主様。天井板や不要な壁を取り払うことで開放感のある広々とした空間にし、キッチンや洗面台などの設備を一新して、機能性と快適性を高めた。一方で、昔ながらの土間や立派な柱、梁は極力手を加えず、味わい深い古民家の雰囲気を大切に残した。
多くの人の手と想いにより装いも新たに居心地の良い空間に生まれ変わり、再び「集いの場」に。

風景と調和するレトロシックなデザイン性と
機能性を兼ね備えたキッチン

屋根勾配を生かした洗面室

納屋を改装して寝室に

続き間の和室をアジアンテイストな寝室に

企業DATA

代表あいさつ

代表取締役
那須 哲也氏

リノベーションにあたっては、お施主様の友人らを招いての壁塗りや、無垢材に自然塗料を塗るワークショップを実施しました。皆さんにとって忘れられない思い出になれば幸いです。生涯のご縁が生まれる仕事をお届けしたいと思っています。

- ●住所/姫路市飾磨区中野田1-49
- ●営業時間/9:00〜17:00
- ●定休日/日曜
- ●施工エリア/兵庫県を中心に播磨地区から阪神地区の近畿地方
- ●有資格者/二級建築士1名、石綿作業主任者2名、電磁波測定士4名（※オールアース住宅の提案）
- ●保険・保証/住宅瑕疵担保責任保険
  　（㈱住宅あんしん保障）

●**資料請求・お問い合せ先**
☎**0120-641-146**
FAX 079-287-8736
✉ nstylehimeji1028@gmail.com

N-STYLE株式会社の
公式HPはコチラから！

 全面改装　 増改築・減築　 マンションリフォーム　 水回りリフォーム　 外壁・屋根リフォーム　 エクステリア工事　 内装リフォーム　 耐震診断・耐震補強

三木市

株式会社大林設備工業

家族みんなが笑顔になれる優しいリフォームを目指す

当社は、「暮らしのホームドクター」を目指し、小さなことでも素早く対応。快適な暮らしの提供を心がけている。特に「恵比須ショールーム」では、評価の高いメーカーの水回り住宅機器の展示だけでなく施工設置しているので、実際に見て・触っていただくことでご家庭でのご利用シーンをより鮮明に体感できる。通常のショールームとは異なり、地域のコミュニティスペースとしても自由にご利用いただけるようにさまざまな設備も整えており、「サロン」のようにご活用いただける。

スイーツショップを併設した恵比須ショールームでは、料理教室なども開催

こだわり

最新キッチンの使い心地を無料レンタルで体感して!

ショールームには最新の設備機器も。対面操作マルチワイドIHキッチンはメニューに合わせて自由に使え、両サイドからの作業が可能な広々スペースが自慢。美しい天然石の表情を再現した有機ガラス系人造大理石カウンターは、汚れや傷がつきにくくお掃除もラクラク。自動水栓で、手が汚れていても手をかざすだけで操作可能。これらのキッチンダイニングはレンタルキッチンとしても無料で利用できるので、ぜひ直接体感を。

実際に使えるキッチンやトイレなど展示商品が豊富なショールームは三木市最大級の広さ。スイーツ店を併設した店内はカフェ利用も可能

一括管理施工で安心
当社では、お問い合わせから現場調査、お見積り、リフォーム工事まで自社スタッフが一括管理施工

大工によるこだわりの施工を!
自社大工による施工なので、お客様と丁寧に向き合い、こだわりのリフォーム工事が可能

リフォームイベントにも出店
「メッセみき」では年2回大型リフォームイベントが開催され、各メーカー品を一度に見て相談ができる人気のイベント

企業DATA

代表あいさつ

代表取締役
大林 憲吉氏

修理などの小さなことからお客様のお困りごとに迅速丁寧な対応で解決することを目指し、地域とのつながりを大切に考えて日々取り組んでいます。地域に必要とされる会社として、皆様のお役に立てるように誠心誠意、務めています。

●住所/三木市別所町朝日ヶ丘35-26
●営業時間/9:00〜18:00
●定休日/日曜、祝日、第2土曜
●店舗/
[リフォームおおばやし]
三木市大塚2-1-37
営業時間/10:00〜17:00
定休日/日曜、祝日、第2土曜
●施工エリア/三木市、小野市、神戸市(西区一部)
●有資格者/2級建築施工管理技士1名、二級建築士1名、給水装置工事主任技術者1名、排水設備工事責任技術者1名、第二種電気工事士1名、宅地建物取引主任者1名
●ローン/三井住友トラストパナソニック

●資料請求・お問い合せ先
📞0120-084-017
📠0794-82-9095
✉info@ohbayashisetsubi.jp

株式会社大林設備工業の公式HPはコチラから!

恵比須ショールーム
〒673-0413 三木市大塚2-1-37
TEL:0120-084-017
[営業時間]10:00〜17:00
[定休日]日曜、祝日、第2土曜
http://www.ohbayashisetsubi.jp/showroom-ebisu/

 新築・建て替え シロアリ・メンテナンスリフォーム 🏃 介護リフォーム

神戸市

株式会社神戸リフォームハウジング

リフォームサービスの品質向上と
お客様満足度No.1を目指す

当社は「幸せを創り出すプロ集団であれ」をモットーに、神戸市、明石市、三木市を中心に住宅リフォーム・一般増改築の全般を行なっているリフォーム専門会社。「リフォームサービス」自体の品質を最大限に上げ、顧客満足度地域1番店を目指し、常に向上心を持ち、常にお客様の立場に立ったサービスをご提供。人間にとって一番大切な財産である「家」をより良くするために必要な会社として、本物のスキルを常に磨きサービスの向上を追求している。

リフォームサービスだけでなく不動産事業部へのご相談もお気軽に

こだわり

不動産購入からリフォームまで
ワンストップで対応！

当社では水回りから外壁塗装まで、リフォームに関することなら何でも対応。経験豊富なプロのスタッフがご要望をお聞きするので、安心してご相談を。過去の施工事例も多く、ホームページ等をご覧いただきながらご希望に沿ったリフォームを実現している。また、不動産部門も併設し、住まいの購入からリフォームまでワンストップで対応できるのも当社の強み。窓口が1箇所で済むためお客様の負担を軽減できるとご好評をいただいている。

ショールームを兼ねた店内では、多くの施工事例やフローリングのカットサンプルをご覧いただきながら相談可能。ぜひお気軽にご来店を

施工事例

キッチンリフォーム
マンションに元々あったキッチンからこだわりのすてきな対面キッチンに変更した施工例

離れの造築
わずかな隙間を利用して、子ども部屋などの離れを母屋のデザインとそろえて造作することも可能

外壁塗装工事
外壁塗装工事も得意分野。超耐久塗料を使用すれば、長期間メンテナンス不要で輝くお家の維持が可能

企業DATA

代表あいさつ

代表取締役
岡本 慎一郎氏

私たちはリフォームのプロとして、迅速、信頼、安心、誠実、感謝をモットーに、お打ち合わせ、施工、お引き渡しからアフターフォローまで、全てのお客様にご満足いただける最高のサービスを目指し、日々全力で取り組んでいます。

- ●住所/神戸市西区王塚台7-92
- ●営業時間/9:00〜18:00
- ●定休日/日曜、祝日
- ●施工エリア/神戸市全域、明石市、三木市、他近隣地域
- ●有資格者/二級建築士2名、2級建築施工管理技士1名、宅地建物取引士2名、増改築相談員2名、住宅リフォーム総合技術者2級1名、福祉住環境コーディネーター2級2名、一級塗装技能士1名、宅地建物取扱主任者1名、ガス消費機器設置工事監督者1名
- ●保険・保証/リフォーム瑕疵保険、リフォーム工事保険
- ●ローン/オリコリフォームローン、各種銀行リフォームローン

●資料請求・お問い合せ先
📞0120-250-590
FAX 078-929-5440
✉ shop@kobe-reform.co.jp

株式会社神戸リフォームハウジングの公式HPはコチラから！

 全面改装　 増改築・減築　🏢 マンションリフォーム　🚿 水回りリフォーム　🏠 外壁・屋根リフォーム　 エクステリア工事　🏠 内装リフォーム　 耐震診断・耐震補強

三田市

株式会社コーヨー

住まいづくりを
SDGsの側面からもアプローチ

コーヨーではSDGsへの取り組みの一環として、「住環境の向上ですべての人を健康に」「住み続けられるまちづくり」をテーマにした工事を実践。例えばバリアフリーや断熱、省エネ、耐震等の性能向上の工事の実績も多数あり、室内温度の変化による事故や病気が気になる方、エネルギーコストが気になる方、近い将来に起こると言われている大地震が気になる方も、気軽にご相談を。時には家族や友人のように、時には家づくりのプロとして、誠心誠意対応している。

設立は平成7年。地域の方に愛されてきた地域密着型のリフォーム店

こだわり

古民家の良さを生かして全面リノベを実施

離れの改装からスタートし、母屋の玄関周り、外装、水回り、そして間取りの全面変更など、約4年半をかけて少しずつ工事。最新の住宅設備機器を導入するとともに断熱やバリアフリー工事も実施し、愛着のある住まいの良さを残しながらも快適に過ごせる空間を実現した。

ゆとりのある洗面室で朝の時間帯も混雑と無縁に

「ホテルの化粧室」をイメージして洗面脱衣室をリフォーム。洗面室は二面に鏡を張って、朝の忙しい時間帯もご家族がゆったりと並べる設計に。隣接して脱衣・洗濯室を1坪分設けたことで、洗面室はスッキリとした空間を維持できる。広々とした浴室には肩湯も設置した。

夫婦二人が楽しく過ごしてくつろげるキッチン

お子さんたちが独立されたのを機に、住まいの大規模リフォームを実施。夫婦だけの生活がより快適に、楽しくなることを第一優先に、広々としたくつろげるLDKへと変更した。来客やお子さんたちの帰省時のもてなしもスムーズにできる使い勝手の良い空間が完成。

隣接する母屋に合わせて外観をリフォーム

築50年以上になり傷みが目立った器具庫を、約20年前に大手ハウスメーカーで新築した母屋の外観に合わせてリフォーム。屋根や壁、サッシを解体し、隣接する母屋とほぼ同じ仕様になるよう仕上げたことで、新築したような美しい外観に。

企業DATA

代表あいさつ

代表取締役 福井 章二氏

「いい家に住みたい」これは、万人の願いです。ゆとり、くつろぎ、癒やしを感じながら、いつまでも幸せに暮らして頂く事！「家づくりとは幸せづくり」お客様の立場になって、幸せづくりのお手伝いをさせて頂く事！それは私たちに課せられた使命だと考えています。

- ●住所/三田市大原633
- ●営業時間/9:00〜18:00
- ●定休日/日曜、祝日
- ●施工エリア/三田市、神戸市北区、篠山市
- ●有資格者/2級建築施工管理技士2名、増改築相談員2名、福祉住環境コーディネーター2級1名
- ●保険・保証/リフォーム瑕疵保険
- ●ローン/オリエントコーポレーション

●資料請求・お問い合せ先
☎0120-07-5040
FAX 079-563-3891
✉info@koyo-c.net

株式会社コーヨーの公式HPはコチラから！

 新築・建て替え　シロアリ・メンテナンスリフォーム　介護リフォーム

宝塚市

駒商株式会社

リフォームのちからで、毎日楽しく快適に！

当社は設備会社での勤務を経て建築を学んだ代表が修理専門店からスタート。暮らしの中で生じるさまざまなお困りごとに対応する中で、現在では水まわりのリフォームをはじめ、外壁、屋根塗装、大規模改修（建て替え）なども幅広く受注している。創業時から続く地域の皆様のさまざまな声に機敏に対応できる修理専門店としての想いを柱とし、より多くの方に喜んでいただけるお店づくりを目指している。どんなに小さな工事でも、また小さな工事こそ気軽にご相談を。

3つある各店舗では経験豊富で個性あふれるスタッフが常駐し、相談に応じている

こだわり

本社ショールーム
実際の設備に触れて使いやすさを体験！

本社ショールーム「コマリフォ」では、水まわり設備を中心に浴槽（3台）、キッチン（2台）、洗面化粧台（3台）、トイレ（3台）といった設備機器を常設展示しているほか、ショールーム床材には多様なサンプル材を使用。実際に見て触れていただくことで、リフォーム後の暮らしのイメージを明確にしていただくことが可能になっている。

実際のサニタリーゾーンやキッチンゾーンをイメージした空間も用意。気軽に体験できるようになっている

ショールーム内はゾーンごとに床材を変えるなど、各所に工夫を凝らしている

DATA 宝塚市泉町19-10
営業時間/9:00～17:00 定休日/水曜、第4日曜
☎0120-504-157

リノベーション専門店（コマリノベ）
リノベーション専門店「コマリノベ」オープン

駒商のリノベーション専門店「コマリノベ」があるのは、花と緑の情報発信ステーション「あいあいパーク」内。同施設はおしゃれな英国風の建物を中心に、季節の花々が咲くモデルガーデンやショップ、カフェもあり、小さなお子様連れのご家族にも人気のスポットとなっている。お出かけの際に当店にも気軽にお立ち寄りを。

昔のイギリスの田舎の旧家をイメージした建物。内部も落ち着いた雰囲気になっている

広く明るい打ち合わせスペースで「正直な商売」をモットーに対応している

DATA 宝塚市山本東2-2-1 あいあいパーク1F
営業時間/9:00～17:00 定休日/水・日曜
☎0120-504-405

企業DATA

代表あいさつ

代表取締役
駒走 宜久氏

宝塚市で水廻りリフォーム専門店、リノベーション専門店、外装リフォーム専門店を運営しています。それぞれの店舗には専門スタッフが常駐し、お客様のご来店、ご相談を心よりお待ちしておりますので、お気軽にお問い合わせください。

- 住所/宝塚市泉町19-10
- 営業時間/9:00～17:00
- 定休日/水曜、第4日曜
- 店舗/
[外装専門店 コマイロ]
宝塚市千種4-14-44
営業時間/9:00～17:00 定休日/水・日曜
[リノベーション専門店 コマリノベ]
宝塚市山本東2-2-1 あいあいパーク1F
営業時間/9:00～17:00 定休日/水・日曜
- 施工エリア/宝塚市、伊丹市、川西市、西宮市
- 有資格者/2級建築施工管理技士1名、宅地建物取引主任者1名、給水装置工事主任技術者1名
- 保険・保証/リフォーム瑕疵保険、工事総合補償制度
- ローン/ジャックス

●資料請求・お問い合せ先
☎**0120-504-157**(本社)
☎0120-516-504 (コマイロ)
☎0120-504-405 (コマリノベ)

FAX 0797-87-7215 (本社)
FAX 0797-87-7215 (コマイロ)
FAX 0797-62-9041 (コマリノベ)

✉info@komasyo.com

駒商株式会社の公式HPはコチラから！

神戸市

株式会社清水設備

水回りのトラブルから
リフォームまで最良の提案を

1971年の創業以来、神戸市上下水道指定工事店として、水回りのトラブルをはじめとする地域の皆様の暮らしのお困りごとに対応し、信頼を積み上げてきた当社。お客様のご要望、ご予算、ご家族構成、生活環境を丁寧にお聞きし、今後のライフスタイルの変化なども考慮した上で、今必要な工事なのかを検討している。もし補修が必要であれば、どの程度の補修をすれば良いのか、お客様に寄り添ってさまざまな角度から、最良のリフォームをご提案。住まいに関するお困りごとは、ぜひ、お気軽にご相談を。

灘区で創業して50年余り。地元密着型の店として地域の皆様の暮らしをサポート

こだわり

スッキリとした空間を叶えた
キッチン回り＆玄関リフォーム

1. 棚ハリも全て取り払ってオープンキッチンにした。照明にはダウンライトを採用したことで、落ち着いた雰囲気に
2. 玄関は広く見えるように床板を斜めにカットして、キッチン床と同じテラコッタで仕上げた
3. キッチン収納にはルーターなどの収納スペースを確保。コンセントの位置を変え、見えないようひと工夫
4. キッチンの床はテラコッタを採用。ダイニングのフローリングと調和させて明るい雰囲気に仕上げた

企業DATA

代表あいさつ

代表取締役
清水 康弘氏

安心・安全・快適・省エネで「家族皆が満足できる使い勝手の良い家に」がモットー。長年培ってきた設備工事の経験を生かし、設備機器の交換や新設だけでなく、内装や増改築などを含む幅広いリフォームに対応しています。

- 住所/神戸市灘区友田町3-3-1
- 営業時間/8:00〜17:00
- 定休日/土（隔週）・日曜、祝日
- 施工エリア/神戸市中心に阪神間
- 有資格者/給水装置工事主任技術者2名、1級管工事施工管理技士1名、2級管工事施工管理技士2名、1級土木施工管理技士1名、2級土木施工管理技士1名、2級建築施工管理技士1名、増改築相談員2名、整理収納アドバイザー1級
- 保険・保証/リフォーム瑕疵保険

●資料請求・お問い合せ先

☎ 078-822-3333
FAX 078-822-2630
✉ shimizu@mizu.or.jp

株式会社清水設備の
公式HPはコチラから！

 新築・建て替え　シロアリ・メンテナンスリフォーム　介護リフォーム

神戸市

株式会社Joy Life

未来ツクル想いをカタチに
理想の住空間をお届けする

当社のリフォームは、「未来ツクル想いをカタチに」をコンセプトに、お客様が想像する理想の住空間をお届け。「未来ツクル想いをカタチに」温故知新の考えで古いものから新たな着想を得ようと、間取りを大きく変える必要はないけれど以前あった良い部分を大切にしつつ、機能とデザインを生かしてより効率的に美しく創りあげる。新築、改装、リフォームなど、お住まいや空間のことなら気軽にJoy Lifeにご相談を。

当社では設計・施工からアフターサービスまで一貫した事業を展開している

こだわり

新居選びの選択肢に
マンションリノベを

住まい選びで悩まれた際には、「中古マンションのリフォーム」という選択肢もご提案。明石大橋がきれいに見えるマンションでのリノベーション例では、建具やフローリングなどをヨーロピアン風にし、対面キッチンに変更。無垢材にこだわったナチュラルな空間に。

ライフステージに合わせた
安全で快適な空間づくり

子どもの成長や両親との同居などライフステージの変化に応じたリフォームで、住み心地の良い空間を実現。築40年を超えるこちらの住まいでは、床や柱の傾きを修正したほか、内装や外装・屋根なども含めたフルリノベーションを行い、安全性と快適性を実現。

オーナー様の個性あふれる
こだわりの店舗工事も

美容室などのサロンのほか、飲食店やクリニックなどの店舗の工事もお任せ。こちらの店舗は、サーフィンをこよなく愛するハイセンスなオーナー様のご意向で、とても遊び心のある、そして落ち着いたサロン空間を実現。

コストを抑えて
新築並みの快適さを実現

中古マンションのメリットは、費用を抑えて新築と見間違えるような住空間を得られること。こちらはキッチンの向きを変えて広々としたスペースを確保。浴槽サイズも一般的なマンションサイズから戸建てサイズへと変更したことで、ゆとりのある空間に。

企業DATA

代表あいさつ

代表取締役
藤田 泰範氏

住み心地の良さや住空間に対する要望は人生のライフステージによって変化します。そんな時は、思い出はそのままに、快適な住空間にリフォームしませんか。新築同然にすることも可能ですので、ぜひお問い合わせください。

- ●住所/神戸市西区伊川谷町前開1424-7
- ●営業時間/ 8:30～20:00
- ●定休日/日曜、祝日
- ●施工エリア/阪神エリア
- ●ローン/オリエントコーポレーション

●資料請求・お問い合せ先
☎ 078-915-8774
FAX 078-915-8776
✉ info@joylife-kobe.com

株式会社Joy Lifeの
公式HPはコチラから！

 全面改装　 増改築・減築　マンションリフォーム　 水回りリフォーム　 外壁・屋根リフォーム　 エクステリア工事　内装リフォーム　 耐震診断・耐震補強

神戸市

株式会社正建工業

イメージをカタチに、さらに超えてゆく

家づくり、建物づくりの主役はお施主様。「こんな家にしたい」というお施主様の想いを正確にカタチに反映させるのが私たち正建の仕事。それは外見の形を再現するだけでなく、住みやすさ、使いやすさ、そして安全性を考えて、期待を超える提案をすること。創業から30年以上の実績と、建築にとどまらず土地活用や不動産運用など幅広い業務で培ってきた当社の経験で、最適なプラン作成をお約束。

お施主様が描いたイメージイラストをもとに施工した輸入雑貨店の店舗

こだわり

住宅だけでなくクリニックや幼稚園、商業施設の施工も

正建では、マンションや戸建などの住宅だけでなく、クリニックや介護施設、幼稚園などの公共施設や商業施設まで幅広い物件の施工実績を持っている。数多くの経験によって培われた高い技術力やノウハウを活かした提案ができるのも当社の強み。当社では「平面の図面だけではイメージしにくい」というお施主様の声に応えて3D模型を作成し、上下左右さまざまな角度から室内を見たり動線の確認を行っており、極力実際に近い状態で見ていただいている。

施工事例

Clinic

[1]クリニックの新築工事。入り口から受付カウンター、待合、診察室へとつながる空間は、開放的で明るい印象に
[2]患者様にリラックスしてもらえるよう、クリニック内のラウンジの照明や壁紙等を落ち着いた雰囲気に

Mansion Renovation

白を基調にしたスタイリッシュな空間へとマンションをリフォーム。カーテンや壁紙にもこだわりがいっぱい

Kitchen Reform

キッチンリフォームで作業スペースと収納を大幅にアップ。お手入れのしやすい素材のキッチンパネルが好評

企業DATA

代表あいさつ

代表取締役
水口 正造氏

モットーは「正しく建てる、正しく造る」。家造りに対しては厳しい目を持っていますが、普段はフランク。大切な友人の家を造るような気持ちで、ざっくばらんながら親身に対応させて頂きます。

- ●住所/神戸市東灘区田中町3-13-5
- ●営業時間/9:00～18:00
- ●定休日/土・日曜、祝日
- ●店舗/
[魚崎営業所]神戸市東灘区魚崎西町3-4-8
営業時間/9:00～17:00
定休日/土・日曜、祝日
- ●施工エリア/東灘区、灘区、中央区、兵庫区、北区、長田区、須磨区、垂水区、西区、【市外・県外】芦屋市、西宮市、尼崎市
- ●有資格者/一級建築士1名、二級建築士2名、一級建築施工管理技士1名、福祉住環境コーディネーター2級以上2名、増改築相談員1名、マンションリフォームマネージャー1名、キッチンスペシャリスト1名、2級土木施工管理技士1名、宅地建物取引主任者1名、既存住宅状況調査技術者2名、登録解体工事講習修了者1名
- ●保険・保証/住宅性能保証制度、住宅完成保証制度、建築工事保険、瑕疵担保責任保険

●資料請求・お問い合せ先
☎ 078-842-7491
FAX 078-842-7492
✉ info@sho-ken.co.jp

株式会社正建工業の公式HPはコチラから!

 新築・建て替え 　シロアリ・メンテナンスリフォーム 　介護リフォーム

西宮市

シンワクライム株式会社

毎日の暮らしが、心地よく、愛おしくなる。

シンワクライムが大切にしているのは、人と人とのつながり。これまで多くの方々とのご縁が幾重にもかさなり、愛され支えられ、おかげさまでリピート率は90%を超える高さに。私たちの仕事は、リフォームを通じて、毎日が愛おしく、心地よく暮らせる住まいづくりのお手伝い。見た目が新しくキレイに変わるだけではなく、お客様の毎日の暮らしを便利で快適にすることで、ご家族の笑顔が増える幸せな空間づくりを目指している。住まいのパートナーとして、些細なことでもご相談を。

「人と人とのつながりを大切に」。シンワクライムが大切にしている想い

こだわり

上質な空間で愉しむ ホテルライクな暮らし

「ホテルのような空間にしたい！」という想いを実現したリフォームでは、水回りはすべてTOTOの最高級グレードを、壁紙は個性的で洗練されたものを選択。課題でもあったクローゼットは、誰が使用するために何をどのように収納するのか、目的を明確にしてイメージを固めて、お施主様と互いにイメージを共有しながら完成させた。

訪れた人が思わず感動の声をあげるエントランスホール。こだわりの壁紙と家具がまるで上質なホテルのよう

バスルームでは調光照明に癒やされながら、心休まる豊かな時間を

DATA	西宮市 S様邸 築年数…36年 工事期間…50日

洗練された空間で叶える エグゼクティブな暮らし

約17年前にトイレのパーツのご購入をきっかけにお付き合いが始まり、その後浴室やトイレ工事、内装工事、キッチン、洗面化粧台と幾度となくリフォームを重ね、ご夫婦の理想の洗練された空間が完成。特に内装や照明選びにはこだわり抜き、インテリアの一部として溶け込むような心地よい住まいを実現した。

キッチンとの行き来がスムーズなリビング。ダウンライトを採用したことで天井が広々とした印象に

あかりが醸し出すコントラストが、癒やしの空間を作っている

DATA	芦屋市 K様邸 築年数…28年 工事期間…22日

企業DATA

代表あいさつ

代表取締役
鈴木 哲也氏

私は18歳で今は亡き父から設備工事の技術を徹底的に叩き込まれました。29歳で独立しお陰様で30年以上ご愛顧いただいております。これからも人と人とのつながりを大切に、快適な暮らしのご提案を心がけて参りたいと思っています。

- 住所/西宮市若草町2-5-12
- 営業時間/9:00～18:00
- 定休日/日曜、祝日
- 施工エリア/西宮市（郊外除く）、芦屋市、宝塚市、尼崎市を中心に兵庫県下の各市にわたり対応しています。
- 有資格者/マンションリフォームマネージャー1名、二級建築施工管理技士2名、給水装置工事主任技術者1名、排水設備工事責任技術者1名、二級色彩コーディネーター2名、ガス可とう管接続工事監督者3名、福祉住環境コーディネーター2名、福祉用具専門相談員2名、医療機器販売管理者及び賃貸管理者1名、ホームヘルパー1名
- 保険・保証/リフォーム瑕疵保険、工事総合補償制度
- ローン/三井住友トラスト・パナソニックファイナンス株式会社

● 資料請求・お問い合せ先
☎ 0120-47-3642
FAX 0798-47-3675
✉ goodlife-1@shinwaclimb.jp

シンワクライム株式会社の公式HPはコチラから！

宍粟市

大松建設株式会社

穏やかな毎日を、あたたかな木の家で。

大工たちの間で受け継がれてきた言技に「大工と雀は軒で泣く」というものがある。これは天然木の素材感を最大限に引き出し、絶妙なバランスで完成させる大工仕事の難しさを大工の泣き言になぞらえた言葉。大松の信条は、受け継がれてきた伝統技術を大切にしつつ新たなアイデアを柔軟に取り入れ、ディテールに技を落とし込むこと。そして、家や建物、そこに住む家族を輝かせるための脇役に徹し、ご家族の皆様の笑顔を思い浮かべながら日々精進し、木々と向き合っている。

木の温もりにあふれたショールームで、"大松の家"を体感しながら打ち合わせを

こだわり

木の心地よさが詰まった自慢のショールーム

大松の事務所兼ショールームは、大松の大工仕事の粋を体感していただける空間。キッチンや洗面、ワークスペースなどは無垢板で造作することですっきりとした統一感を生んでいるのが特徴だ。木材が生み出す豊かさを感じていただきながら、打ち合わせの中で実際に暮らすご家族のライフスタイルをヒアリングし、最適な家づくりを提案している。また、通気断熱WB工法を取り入れることで、季節に応じて衣替えするように、夏も冬も快適に過ごせる家を実現。

一歩家の中に入れば豊かな木の香りがお出迎え。特徴的な屋久島地杉のフローリング「ヤクイタ」の香りや触り心地を体感してみて

玄関を入るとまず目に入る格子状の柱は1本1本異なる樹種を使用。「木の違い」を見て触って確認できる

造作したワークスペースと飾り棚。奥に広がるキッチンも暮らし方をイメージしながら造作したもの

米杉無垢板張りのショールーム外観が目印。併設されている材木保管庫と大工作業場の見学も可能

企業DATA

代表あいさつ

代表取締役
松本 守平氏

木が大好きな先代の家づくりを継承し2代目としても「木の温かみ」、自社大工の手仕事を大切にした家づくりを続けています。事務所併設の刻み場（大工作業場）にて日々お客様の想いを形にしています。刻み場はいつでも見学できます。

- ●住所/宍粟市山崎町野々上392-1
- ●営業時間/8:00〜18:00
- ●定休日/日曜、祝日（営業担当不定休）
- ●施工エリア/西播磨
- ●有資格者/一級建築士1名、二級建築士2名、宅地建物取引士1名

●資料請求・お問い合せ先
☎0120-10-8787
FAX 0790-62-4757
✉info@daishou-kensetsu.co.jp

大松建設株式会社の公式HPはコチラから！

 新築・建て替え シロアリ・メンテナンスリフォーム 介護リフォーム

神戸市

髙井工業株式会社／株式会社ユニクレア

水と光と風をクリエイト。
あなたの理想をカタチに。

当社の創業は大正12年。まだ一般家庭には電灯すらなかった時代に、発電所で働いた経験をもとに初代が創業。電気や水道の普及とともに神戸の皆様のライフラインを支える企業として成長してきた。設備工事会社として水回りのトラブルや水道、電気、空調の設備修理を行っているだけでなく、2006年にはお客様のニーズにお応えしてリフォーム専門会社「株式会社ユニクレア」を設立。専属の女性スタッフによる丁寧なヒアリングで、理想の家づくりのお手伝いをしている。

髙井工業では急な水漏れやエアコンの故障などの緊急トラブルにも対応

こだわり

使いやすい設備が整った
快適な生活空間を

髙井工業が運営するリフォーム・リノベーション専門店「ユニクレア」では、同社が長年にわたって培ってきた水道・電気・空調の環境設備工事の技術や知識、経験を生かし、お客様それぞれの生活に合った快適な生活空間をご提案。もちろん、修理やメンテナンスなどアフターフォローの経験も豊富なスタッフがそろっているので、工事後もご安心を。神戸の土地に根付いて活動してきた私たちだからこそ気づく、住みやすい快適な空間をお客様の立場に立って提案している。

「UNICREA」は「UNIQUE」と「CREATE」の単語を合わせた造語。暮らしに合った独自の空間を提案する、という姿勢を表現

事務所をワンルームに!
コンバージョン実例

BEFORE

AFTER

事務所の応接室として利用している場所を改装して、寝泊まりできるUB付ワンルームにリモデルした例

間取り変更で暮らしやすく!
リノベーション実例

BEFORE

AFTER

個室に分かれていた空間を、広く明るいLDKのある間取りに。断熱材とペアガラスで断熱性能も向上

企業DATA

代表あいさつ

代表取締役社長
髙井 豊司氏

大正時代に祖父・髙井小三郎が個人商店を興したのが弊社の始まりです。以来、神戸の風土に合った心地よさや、環境を損なわず便利に暮らしてゆくために必要なことを追求してきました。これからも受け継いできた伝統と絆を大切に、「建物の設備に関することなら、なんでも任せておけば安心だ」という皆さまのお声を励みに、邁進してまいります。

●住所／神戸市東灘区岡本4-8-16
●営業時間／8:00～17:20
●定休日／日曜、祝日 ●施工エリア／神戸市
●有資格者／1級管工事施工管理技士3名、2級管工事施工管理技士3名、1級土木施工管理技士2名、2級土木施工管理技士1名、1級電気工事施工管理技士1名、第一種電気工事士1名、第二種電気工事士3名、給水装置工事主任技術者5名、消防設備士3名、第1種消防設備点検資格者1名、登録配管基幹技能者2名、増改築相談員1名、神戸市下水道排水設備工事責任技術者6名、排水管清掃作業監督者1名、石綿作業主任者4名、建設業経理士2級2名
●保険・保証／工事総合保障制度
●ローン／オリエントコーポレーション

●資料請求・お問い合せ先
☎078-431-0452
FAX 078-412-2585
✉takai@takaikogyo.co.jp

髙井工業株式会社の公式HPはコチラから!

 全面改装　 増改築・減築　マンションリフォーム　水回りリフォーム　外壁・屋根リフォーム　 エクステリア工事　内装リフォーム　 耐震診断・耐震補強

加古川市

株式会社トータル企画MASAKI

暖かさほんもの、手づくりの家
ぬくもりのある空間をご提供

トータル企画MASAKIは、地域に根差し、地域の住宅事情を知り、人と人とのつながりを大切にし、きめ細やかな対応のできる地場ビルダーとして、地域にふさわしい最適な住まいを提案。それは、地域に密着し、お施主様にとって身近な私たちだからこそ可能なこと。ご家族が安心して快適に、いつまでも笑顔で仲良く暮らしていただけるような快適な住まいを、お客様とともにつくりあげていくことが、私たちの家づくりの原点でもある。

当社の打ち合わせスペースは、造作家具や無垢材フロア、自然素材の塗壁などを使用

こだわり

大胆な間取り変更で
快適で広いLDKに

戸建ての内装や壁、屋根などをすべて取り払い、建物の躯体構造のみにして、お施主様の理想の間取りにフルリノベーション。特に間取り変更によって生まれた広々としたLDKは、壁掛けテレビにしたことで空間がスッキリ。耐震補強を行うとともに、高気密・高断熱の性能にグレードアップし、新築と変わらない快適な住宅に生まれ変わった。

天井まである4枚建ての吊り建具を来客時などに引き出せば、ダイニングとリビングを仕切れるようになっている

断熱性が高い樹脂サッシを採用。木目入りの外観はスタイリッシュ

DATA	加古川市 C様邸 築 年 数…約30年 工事期間…6カ月

古き良きものを生かして
新しい空間を創造

古民家の雰囲気を極力残すように古木の梁組を最大限生かしリノベーションした古民家カフェ。玄関やリビングは梁を現しにし、時を経た建物の重厚感を演出。現代風の空間構成やデザイン、工夫を凝らした照明計画を取り込むことで、快適さを備えた心地よい空間に。

梁を現しにしたリビング。テーブルはブビンガの一枚板を加工し、キッチンは造作した。薪ストーブも設置

囲炉裏を新設。元々の梁や柱などを生かし、ぬくもりある空間に仕上げた

DATA	古民家カフェ　mOkU×mOkU 〒679-5142 佐用郡佐用町弦谷240 TEL:070-2311-3636 [営業日]土・日曜 [営業時間]9:00〜17:00(4月〜11月末) 築年数…約100年　工事期間…約1年

企業DATA

代表あいさつ

代表取締役
正木 秀樹氏

家は買うものではなく"つくるもの"。当社では、「お客様の理想の住まいを、一緒につくりあげていきたい」という想いをもって、スタッフ一同、出会いとコミュニケーションを大切にして、精進してまいります。

- 住所/加古川市上荘町都台1-20-8
- 営業時間/8:00〜18:00
- 定休日/日曜、祝日
- 施工エリア/兵庫県下
- 有資格者/一級建築士1名、二級建築士1名、2級施工管理技士1名、増改築相談員1名
- 保険・保証/住宅保証機構(株)、まもりすまい保険
- 加盟団体/LIXILリフォームネットワーク／トクラスリフォームクラブ／GEOパワーシステム／TDホーム／空とぶガーデンハウス®／タカラパートナーショップ

● 資料請求・お問い合せ先
☎ 079-428-3362
✉ info@total-masaki.co.jp

株式会社トータル企画MASAKIの公式HPはコチラから!

 新築・建て替え　 シロアリ・メンテナンスリフォーム　介護リフォーム

神戸市

有限会社西神戸リフォーム

「お客様のために」を 社員一人ひとりが考えて実践。

西神戸リフォームの代表は大工出身。仕上りの大切さはもちろんのこと、お客様に感動していただくためには、社員一人ひとりの人間力とスキルをアップさせる事が何よりも大切であると考え、社員教育に励んでいる。常に「お客様の幸せな家づくりのために」「お客様に安心していただくために」「お客様に満足していただくために」「お客様に感動していただくために」「子供たちの未来のために」を社員全員が考え、行動できる企業となることを目標に仕事に取り組んでいる。

ショールームRe Plus+（リプラス）では、様々なメーカーの商品を展示

こだわり

ゴルファー夫妻も満足！ マンションリノベーション

休日になると2人でゴルフに出掛けるという仲良しご夫妻。少しでもゴルフ場に近いところに住みたいと郊外の中古マンションを購入して、街中からのお引越しを計画。リノベーションにあたっては、どんどん増えてきた2人分のゴルフ道具やゴルフウェアの置き場の設置や、マッサージ機やトレーニング機器を置く部屋、身体の大きなご主人がゆったりくつろげる浴室等々をご要望。「すべての希望が叶って夢のよう！」と、納得の住まいが完成した。

奥様お気に入りの土間クローク。車に積みっ放しだったキャディバッグも余裕で置くことができる

ご主人絶賛の浴室は、肩湯がついたTOTOシンラ。毎日のリラックスタイムが楽しみとか

ひと部屋まるごとウォークインクローゼットに間取り変更。仕事着もゴルフウェアもたっぷり収納できる

企業DATA

代表あいさつ

代表取締役
岡橋 信吾氏

神戸市西区で事業を始めて24年。幸いにも良いお客様に育てていただき、この地域に根ざした企業として生かされてきたことに感謝し、地域の皆様に少しずつでも恩返しが出来るように様々な事に挑戦したいと考えております。

［本社］
●住所／神戸市西区南別府1-11-9
●営業時間／9:00〜18:00
●定休日／日曜、祝日
［Re Plus+（リプラス）］
神戸市西区糀台5-3-4 イオンフードスタイル西神中央店3F
営業時間／10:00〜19:30　定休日／なし
●施工エリア／神戸市、明石市、三木市、小野市、加古郡、加古川市、三田市
●有資格者／一級建築士1名、二級建築士2名、二級施工管理技士1名、増改築相談員1名、マンションリフォームマネージャー1名、福祉住環境コーディネーター1名
●保険・保証／あんしんリフォーム瑕疵保険、工事総合保険
●ローン／各種信販会社取り扱い

●資料請求・お問い合せ先
☎0120-892-780
FAX 078-977-2770
✉info@westkobe-reform.com

有限会社西神戸リフォームの公式HPはコチラから！

神戸市

株式会社暁プランニング

コトを考え、夢をイメージし、技と物で夢の住空間を創りだす

「暮らしが事(コト)を生み出し、空間が思い出を生み出す。そして、新たに人の技(匠)と物(モノ)が新しい空間を創りだす」をテーマにする暁(ひかり)プランニングは、長年にわたって大小さまざまな建物工事を経験してきた代表が2019年に創業したリフォーム会社。これまで培ってきた知識・経験・実績・技術力・情報発信力を生かし、生活者のダイレクトサービスから住まいの関連企業のビジネスサポートまでを行っている。

「夢の空間を創りだし人の住まいと暮らしを豊かにする」が当社のモットー

こだわり

全面リノベーションから店舗改修まで豊富な経験をもとに幅広い施工に対応

「企画・設計・施工」を通じて生活者の住まいと暮らしを豊かに。暁プランニングでは、住まいのお悩みを経験豊富なプランナーが1つずつ丁寧にお聞きし、解決に導いている。全面リノベーションから壁紙や床の張替え、コンロ・給湯器の交換、水回りリフォーム、節電設備の導入、間取り変更まで、オンリーワンの住まいづくりに幅広く対応。補助金を活用した耐震工事やバリアフリーリフォーム、店舗の改修などにも対応しているので気軽にご相談を。

H様邸
昭和初期に建てた日本家屋をリノベーションし、ノスタルジックな中にも快適さを感じるモダンな空間を実現。大梁など残せるものは利用して個性あるこだわりの住まいが誕生

T様邸
お子さんも独立し、空いたスペースを家族が集える快適空間へとリノベーション。仕切られていた部屋を広々ワンルームに。お子さん夫婦とお孫さんも度々遊びに来て大喜び

施設店舗UH
弁当やパン作りを行う障害者支援施設店舗のリノベーション。使い勝手や動線、安全性にもこだわり、楽しみながら効率よく作業できる笑顔の空間が出来上がった

企業DATA

代表あいさつ

代表取締役
髙岸 行雄氏

住み慣れ愛着ある住まいには、多くの思い出が詰まっています。その住まいを快適な住空間にすることで、新たな思い出づくりの場所になります。私たちはリフォームを通じ、エコで安全・安心に暮らせる住まいを考えてまいります。

- ●住所/神戸市須磨区若木町2-5-3-302
- ●営業時間/9:00～18:00
- ●定休日/日曜、祝日
- ●店舗/
  [灘office]
  神戸市灘区倉石通1-2-23-301
  営業時間/9:00～18:00 定休日/日曜、祝日
  [西神戸office]
  神戸市西区富士見ヶ丘5-7-10
  営業時間/9:00～18:00 定休日/日曜、祝日
- ●施工エリア/神戸市全域、芦屋市、西宮市、尼崎市、明石市、三木市、加古川市
- ●有資格者/2級建築施工管理技士2名、建築仕上げ改修施工管理技術者1名、増改築相談員1名、特定化学物質作業主任者1名、有機溶剤作業主任者1名
- ●保険・保証/賠償責任保険、建設工事保険、サイバーセキュリティ保険

●資料請求・お問い合せ先
☎078-224-4573
FAX078-224-4573
✉info@hikari-planning.net

株式会社暁プランニングの公式HPはコチラから!

 新築・建て替え シロアリ・メンテナンスリフォーム 介護リフォーム

有限会社HUTT（ヒュート）

「耐震といえばHUTT」
命を守る家づくりを提案

当社では、東日本大震災以前より住まいの耐震性を重視し、天災から命を守る家づくりを理念としてきた。理論上の耐震性だけでなく許容応力度計算を取り入れており、最近では「耐震といえばHUTT」と言われるほどの評価を得ている。同時に助成金を積極活用するため面倒な申請等にも対応し、お客様の負担軽減に尽力。見た目の美しさだけでなく高い住宅性能が求められる時代に、性能とデザイン性、居住性を考慮した、住み心地の良いリフォームを提案している。

高いデザイン性と住宅性能、居住性を備えた住空間の提案を行っている

こだわり

補助金を活用して
耐震フルリノベーション

築15年の建売住宅を、耐震フルリフォーム。インスペクションを受けて得た補助金250万円を活用し、耐震等級を0.7から3まで引き上げることに成功。工事では骨組みのみを残して柱を補強したほか、充填式断熱材や樹脂サッシ、断熱ドアを採用し、屋根の形状も片流れのモダンな外観に。NK工法によって間取りも大きく変更するなどし、安心して長く住み続けることのできる住まいが完成。

使い勝手を重視してキッチンの向きを変更。どうしても抜けない柱を生かしてデザイン窓にするなど、さまざまな工夫が凝らされている

キッチン背面収納は冷蔵庫も丸ごと隠せるクローゼット仕様。柱を利用したニッチも設置

2階は個室に区切らず広い空間に。3枚引き違いドアで仕切ることで、用途に応じて区切れるよう配慮した

狭くて使いにくかった玄関収納には扉をつけずオープン収納に。土間を広く使えるように変更した

企業DATA

代表あいさつ

代表取締役
増家 秀彦氏

耐震リフォームだけではなく、リフォーム全般、店舗デザイン改修や新築注文住宅を手掛けております。大手メーカーにはないきめ細やかな対応を第一に、納得の行くまでプランニングいたします。また、3Dを用いたシミュレーションで、リフォーム後のイメージを分かりやすくご提案しております。お気軽にご相談ください。

●住所/三木市緑が丘町東1-1-51 シラユリビル1F西
●営業時間/10:00〜18:00
●定休日/日曜、祝日（事前予約で対応可能）
●施工エリア/三木市、神戸市、西宮市、芦屋市、小野市他30キロ圏内
●保険・保証/住宅瑕疵保険、リフォーム瑕疵保険

●**資料請求・お問い合せ先**
☎0794-84-0730
FAX0794-84-0375

有限会社HUTTの公式HPはコチラから！

 全面改装 増改築・減築 マンションリフォーム 水回りリフォーム 外壁・屋根リフォーム エクステリア工事 内装リフォーム 耐震診断・耐震補強

神戸市

有限会社平野工務店

心地よいビーチカルチャーを
快適な住まいづくりに提案

平野工務店では、「WATER'S EDGE LLC.」とタッグを組んで新しい事業「Coasty」をスタート。「Coasty」とは、ビーチカルチャーやカリフォルニアスタイルを採用した空間の創造を中心に、「INSPIRED BY ALL THINGS COASTAL」というコンセプトのもと、さまざまなジャンルをクロスオーバーしていく、「レーベル」的存在。当社ではその一環として、ビーチの風が吹くような住空間を提案している。

塩屋地域を中心に垂水区、須磨区で当社自慢の大工衆が工事を担当

こだわり

海の香りを感じる 西海岸リノベーション

「Coasty」企画第1弾を当社社長の自宅リノベで実施。キッチンとダイニングを仕切るデザインブロックが、ミッドセンチュリーの家具とも相性抜群。ウッドの天井＋デザインヨロイ壁＋石張り＋ブロックが融合した、居心地の良い空間に仕上がっている。

部屋数を減らして 快適さと機能性をアップ

桜が美しい公園の前に建つ「甲南グランドハイム兵庫」の一室を「Coasty」がカリフォルニアスタイルにリノベーション。間取りを整理して3DKから2LDKにすることで、年季の入ったI型キッチンを対面キッチンに変更。公園の緑を楽しみながらお料理できるように。

明るく陽気な メキシカンスタイルに

「MEXI-CALI MIX」をコンセプトに、アメリカとメキシコの国境の町に佇む住宅をイメージ。キッチンのタイルにはシックなディープグリーンを採用し個性的な仕上がりに。イエローのリビングドアにメキシコ・ティファナで購入したグッズが映えている。

窓からの眺望を楽しむ リゾートスタイル

「パームスクエア ジェームス山」のフルリノベーションプロジェクト。部屋からは明石海峡大橋と淡路島が一望できる抜群のロケーションを生かしたリゾートをメインコンセプトに。有機的な素材をうまく採用することで明るくてステキなカリフォルニアスタイルに。

企業DATA

代表あいさつ

代表取締役
平野 佑允氏

木造の建築現場において最も現場に居るのは紛れもなく大工です。当社では信用と確かな技術があった古き良き時代の工務店であり、地域における住まいの相談屋を目標にし、家を通じて人と人のつながりを感じてもらえるようにしたいと考えています。

- ●住所/神戸市垂水区下畑町鷲ケ尾303
- ●営業時間/9:00〜17:00
- ●定休日/日曜、祝日
- ●施工エリア/神戸市垂水区、須磨区
- ●有資格者/二級建築士1名、宅地建物取引主任者1名
- ●保険・保証/リフォーム瑕疵保険
- ●ローン/提携金融機関

●資料請求・お問い合せ先
☎0120-46-1756
FAX 078-751-1789
✉info@hirano-komten.com

 有限会社平野工務店の公式HPはコチラから！

 新築・建て替え　シロアリ・メンテナンスリフォーム　介護リフォーム

神戸市

有限会社ミオ・デザイン

神戸の暮らしをデザインする 健康で快適に住まえる空間作り

「神戸の暮らしをデザインする〜健康で快適に住まえる空間作り〜」をモットーに、お客様の想い描く「夢と希望と快適さ」が詰まった心地よい住まいの実現をお手伝いしているミオ・デザイン。家族の生活スタイルや生活様式が日々変化していく中で大切なのは、豊かな住環境のもとで快適に生活すること。同社ではお客様に寄り添い、お客様の目線に立って、ご相談からお打ち合わせ、施工、そしてお引き渡しまでを細やかにサポートし、ご家族の幸せづくりに携われることに、強い誇りと責任を感じて取り組んでいる。

お嬢様が誕生された頃に造作家具のご依頼を受けて以来お付き合いが続くH様ご家族

こだわり

夢のシャビーシックな インテリアテイストの暮らし

ご両親との同居のために3階建ての戸建てを全面リノベーション。「フレンチシャビーテイストの空間へ」という要望に沿って、さまざまな素材とパーツを拘って選定。親世帯の住まいとなる1階は断熱改修も行い、デザインと性能を兼ね備えた、こだわりの空間が実現した。

憧れの住空間を現実に! マンションのフルリノベーション

上のお子様が小学校の高学年になられるのに合わせて、マンションをフルリノベーション。特にキッチンダイニングと和室の収納にこだわり造作で収納スペースを設置。どこに何をどのように収納したいか細部にわたるヒアリングで、シンデレラフィットを実現。

マンションリノベで 理想のフレンチシャビーを実現

中古マンションを購入して、フルリノベーションした実例。理想の空間を実現してくれる施工会社を探していたところ、同社の施工実例を見て即決したという。壁とドア枠にもモールディングを施工し、細部にまでこだわることで、ヨーロッパのような空間に再生。

お客様にご好評の ワークショップを開催

当社では、着付け教室、ストレッチ教室、小物作り教室、フラワー教室、料理教室などのワークショップを月に1回事務所で開催。なかでも毎年恒例の「ミオの手前みそ作り教室」は7年程継続して開催している人気教室。今後は外国語会話教室も実施予定。

企業DATA

代表あいさつ

代表取締役
主森 直美氏

「物から心の時代へ」の言葉に象徴されるように、暮らす人の感覚を大切にしたリフォーム会社を目指しています。ご家族のご希望を重視し、快適な環境下で健康に長生きできるよう、細やかな視点でリフォームのご提案をしています。

- ●住所/神戸市灘区岩屋北町1-5-20
- ●営業時間/10:00〜17:00
- ●定休日/水・日曜、祝日、お盆、年末年始
- ●施工エリア/神戸市内全域、芦屋市内全域、西宮市内全域、尼崎市、伊丹市、三田市内一部、大阪市一部、豊中市、池田市
- ●有資格者/二級建築士1名、一般建築物石綿含有建材調査者1名、インテリアコーディネーター2名、耐震診断士1名、既存住宅現況検査技術者1名、増改築相談員1名、カラーコーディネーター1名、整理収納アドバイザー1名
- ●保険・保証/リフォーム瑕疵保険、工事総合補償制度

●資料請求・お問い合せ先
☎ 078-801-2521
FAX 078-801-2538
✉ info@reform-mio.com

有限会社ミオ・デザインの公式HPはコチラから!

豊岡市

株式会社元庄屋

300年以上の伝統と実績で
お客様の快適な住環境を提案

元庄屋企業グループには住宅設備、不動産売買、賃貸管理、リフォーム会社などがある

創業は江戸時代中期。米穀商・雑貨商から乾麺製造や豆腐油揚製造業など事業を広げ、1955年（昭和30年）には「元庄屋商店豊岡営業所」として但馬地方での灯油ボイラー専門店に。その後は、オール電化・太陽光発電・各種リフォーム事業を展開する「住まいのオールラウンダー」として事業領域を拡大してきた。長年の実績と経験をもとに、「そのお客様にあった、快適な住環境とは何か」を常に探求し、リフォーム提案、施工、アフターフォローと誠心誠意、取り組んでいる。

こだわり

ボイラー専門店として
設立60年を超える実績

灯油ボイラーから始まって、オール電化工事、浴室及びキッチンリフォーム工事、深夜の安い電気を最大限に利用する蓄熱暖房機、そして太陽光発電、美容と健康に関心を持たれる方に人気のナノミストサウナなど、元庄屋では時代の変化に合わせた設備機器の工事に対応してきた。特に灯油ボイラーは3万台以上を手掛けるなど、地域有数の実績を誇っている。ボイラーをはじめ、住まいのお困りごとは、お気軽にお声掛けを。

省エネ、環境への配慮、安心・安全な生活の実現のために、オール電化のリフォーム工事も行っている

ボイラーの設置や修理は経験豊富な技術者が責任をもって担当。写真は1960年代のボイラー展示の様子

太陽光発電システムもお任せを。電力削減に効果があり、エコにも大きく貢献

水回りをはじめ、断熱やスマート電化、外壁、屋根、バリアフリーなど各種リフォームにも対応

企業DATA

代表あいさつ

代表取締役
與田 稔氏

設立以来、住宅設備施工業一筋に事業展開をして参りました。当社はこれからも社員一人一人が自ら思考し、お客様に信頼される真のパートナーとなることを目指し、成長し、地元地域、社会に貢献できるよう活動をし続けて参ります。

● 住所／豊岡市幸町6-4
● 営業時間／8:00～17:00
● 定休日／日曜、祝日、お盆、お正月
● 施工エリア／豊岡市全域、京丹後市、養父市
● 有資格者／1級管工事施工管理技士1名、2級管工事施工管理技士1名、2級建築施工管理技士1名、1級配管技能士1名、2級配管技能士1名、浄化槽設備士2名、浄化槽管理士1名、給水装置工事主任技術者2名、下水道排水設備工事責任技術者1名
● ローン／アプラスリフォームローン

● お問い合せ先
☎ 0796-22-0707
FAX 0796-24-0707
✉ motosyoya@violin.ocn.ne.jp

株式会社元庄屋の
公式HPはコチラから！

 新築・建て替え 🐜 シロアリ・メンテナンスリフォーム 介護リフォーム

神崎郡福崎町

株式会社モリ／モリ・リフォーム

住まいで暮らしを快適にする。
納得の快適住空間づくり。

「家をリフォームしたら家族の『ただいま』の声が以前よりも大きくなった」。そんな声をよく耳にする。特にコロナ禍で改めて「住まい」の理想像に気づいた方も多いのでは？ 私たちがまずお尋ねするのは現在の住まいへのご不満。経験豊富なスタッフが、お客様視点のプランニングと施工でお悩みを解決し、納得の「快適住空間」をお約束。わが家は家族の心落ち着ける場であり家族の健康と安全を守る場。絶対に凶器になってはいけないという強い使命のもと、日々家づくりに取り組んでいる。

市川沿いにある「モリ・リフォーム」は大きなカイジュウのキャラクターが目印

こだわり

地域に愛される「困ったときのモリさん」

1930年代に森ガラス建具店として創業以来80余年。フットワークの軽さと親しみやすさで「困った時のモリさん」として地域の皆様にご愛顧いただいてきた弊社では、2000年にリフォーム部門を新設。長年の経験と信頼に加え、現代の住宅事情に精通した知識をもって、お客様と共に快適住空間づくりに取り組んでいる。

2023年冬に古民家リノベーション展示場をオープン。古き良き建物と現代の生活とを組み合わせた魅力が体感できる

大切なお客様のこれからの暮らしの実現に向けて、1つ1つ納得のいくものを提案

祖父母の住んでいた古民家をリノベーション

離れにお住まいだったご夫婦家族が、空き家になっていた母屋の古民家をリノベーション。ご要望は「古さを残さない古民家リノベ」。「古民家でありながら、新しい」をコンセプトに、遊びゴコロを含んだリノベーションを計画。古い梁や柱を化粧板などで覆い、新築のような快適さとアイデアにあふれた空間が完成した。

古民家特性の広さを生かして、空間のほとんどがLDKという間取りに。「the古民家」な梁や柱は徹底的に隠した

マンガ部屋に秘密基地。家族みんなが「家が一番いい」と思える住まいを実現

企業DATA

代表あいさつ

代表取締役社長
福田 正幸氏

「家」の主人公はお客様でありそのご家族です。ひとそれぞれに「暮らし」は変化し、当然「暮らしやすさ」も変わります。私たちはそのとき、お客様がイメージしている家を、そのときの生活スタイルに合わせて一緒に考え作り上げていきます。

● 住所/神崎郡福崎町福崎新318-1
● 営業時間/9:00〜18:00
● 定休日/水曜
● 店舗/
[モリ・リフォーム] 神崎郡福崎町福崎新318-1
営業時間/9:00〜18:00　定休日/水曜
● 施工エリア/福崎町、姫路市、加西市、市川町、神河町、加東市、西脇市、宍粟市、三木市、高砂市、加古川市、揖保郡太子町、朝来市、多可郡、三木市、小野市
● 有資格者/二級建築士2名／既存住宅状況調査技術者2名／2級建築施工管理技士2名／増改築相談員1名／インテリアコーディネーター1名
● 保険・保証/株式会社 住宅あんしん保証(あんしん住宅瑕疵保険・あんしんリフォーム工事瑕疵保険)登録／あいおいニッセイ同和損保 建設工事保険・事業者賠償責任保証
● ローン/オリエントコーポレーション

● **資料請求・お問い合せ先**
📞 0120-76-1146
FAX 0790-22-0058
✉ info@mori-reform.jp

株式会社モリ／
モリ・リフォームの
公式HPはコチラから！

神戸市

株式会社ゆめや

あなたの「夢の暮らし」を叶えるリフォーム

創業当初からデザインリフォーム・リノベーションを提供してきたゆめやで常に考えていることは、「お客様が希望するデザインでのリフォームは、本当にお客様にとって居心地の良い空間なのだろうか?」「デザインを重視しすぎて、『生活』を『住まい』に合わせることになっていないだろうか?」ということ。当社では、お客様に合った「住まいのリフォーム」を考え、デザイン(設計)。「リフォームで家が変わると暮らしが変わる」をモットーに、「お客様と共に創り上げるリフォーム」を目指している。

六甲アイランドショールームでは施工事例を「リフォーム図書館」として開放している

こだわり

住まいづくりの資料が満載のゆめやリフォーム図書館

リフォームのイメージがまだまだ漠然としている時は、ぜひゆめや自慢の六甲アイランドショールームのご活用を。併設する「リフォーム図書館」にはこれまで手掛けてきた約3500件の施工事例とともにさまざまな壁紙やタイル、床材などの実物をご用意。お客様の想いにお応えするために、経験豊富なコーディネーターが商材見本を一緒に見ながらじっくりとお話しをお伺いし、理想の住まいづくりのお手伝いを行っている。

空間展示

ダイニング・キッチン
テーマは「人生の『リスタート』Life Restart」。キッチンをオープンスタイルにしたことで、開放感溢れる空間に

リビング
コンパクトで使いやすい収納ボックスをテレビ台と一体化し、アクセサリーや書類もぴったりと収まるように工夫

洗面脱衣室
洗面脱衣室には大容量の収納を設置し、乾いたタオルなどの置き場所を確保。家事動線もシンプルに

リフォーム図書館
各メーカーのサンプルやカタログのほか、一般には入手するのが難しい洋書や高級なデザイン書なども無料でご利用いただける

DATA **六甲アイランド店(リフォーム図書館併設)**
〒658-0032 神戸市東灘区向洋町中6-9 神戸ファッションマート1F　TEL:078-843-2569
[営業時間]10:00~18:30　[定休日]水曜　https://www.yumeya.com/showroom/#shop02

企業DATA

代表あいさつ

代表取締役
盛 静男氏

現在、リフォーム会社に求められているのは、安心・安全・信頼されることです。一見当たり前のことなのですが、当社は住宅リフォームという責任ある仕事を通じて、社会に貢献していける会社づくりに邁進していく覚悟です。

- ●住所/神戸市東灘区向洋町中6-9　神戸ファッションマート1F
- ●営業時間/10:00~18:30
- ●定休日/水曜
- ●店舗/
  [深江事務所]
  神戸市東灘区深江浜町131-2
  営業時間/9:00~18:00　定休日/日曜
- ●施工エリア/神戸市、芦屋市、西宮市、尼崎市、宝塚市
- ●有資格者/一級建築士2名、二級建築士4名、建築施工管理技士2名、増改築相談員4名、インテリアコーディネーター2名、福祉住環境コーディネーター2名
- ●保険・保証/ジェルコ総合補償制度、住宅瑕疵担保責任保険
- ●ローン/オリエントコーポレーション

●**資料請求・お問い合せ先**
☎0120-39-9990
FAX078-843-2589
✉info@yumeya.com

株式会社ゆめやの公式HPはコチラから!

宝塚市

リアルワークス有限会社

リアルワークスに関わる すべてに感動を!

リアルワークスの使命は、住み慣れた、愛着のあるお住まいを、リフォームで「これまで以上に快適な生活を送りたい」とお考えのお客様に、より快適な理想の住環境をお届けすること。お客様の立場に立って、リフォームプランのご提案から施工、アフターフォローに至るまで、誠心誠意を込めて現代の「家守り」の精神で、取り組んでいる。

宝塚南口より徒歩5分ほどの場所に事務所を構えている

こだわり

自宅の1階をリフォームで おしゃれなパティスリーに!

自宅でパティスリーを営むのが夢だったT様ご夫婦。オープン予定の2年前にリアルワークスへリフォームを相談。時間をかけてじっくりと丁寧に打ち合わせを行い、お二人の細部にわたるこだわりをカタチに。店内だけではなく、外観、厨房部分も工夫を凝らした施工を行い、大満足の仕上がりとなった。

大きなガラスの扉が店舗入口。サッシもオリジナルで制作

築30年経ったご自宅の改装前

DATA 宝塚市 T様邸 築年数…30年 工事期間…47日

新生活スタート! 引越し前のこだわりリノベ

中古マンションを購入されたお客様のお引越し前に、こだわりのリノベーションを実施!キッチンに室内窓を設置することで、広々としたリビングダイニングからの採光が叶い、明るく開放的な空間に。大切な家族の猫ちゃんに配慮した床材を採用されるなど、お施主様のこだわりが詰まったすてきな空間に仕上がっている。

室内窓とガラス扉で明るく開放的なキッチンに

新設したウォークインクローゼットの棚板とハンガーパイプは全て可動式に。収納力はもちろん、ディスプレイへのこだわりも可能

DATA 西宮市 I様邸 築年数…22年 工事期間…50日

企業DATA

代表あいさつ

代表取締役 矢作 和之氏

阪神・淡路大震災を機に建築業界に飛び込み、一意専心の想いで励んで参りました。人様のお役に立てる手段であり、大好きな建築の仕事に感謝をし、ご縁をいただいたお客様の「快適な住環境」を「感動」と共に提供し続けて参ります。

●住所/宝塚市南口2-9-3 サウス宝塚102
●営業時間/9:00〜18:00
●定休日/日曜、祝日
●施工エリア/宝塚市、西宮市、伊丹市、川西市、芦屋市
●有資格者/2級建築施工管理技士1名、インテリアコーディネーター1名、福祉住環境コーディネーター2級2名、建築物石綿含有建材調査者1名、石綿作業主任者2名
●保険・保証/TOTOリモデルクラブ工事総合補償制度、あんしんリフォーム工事瑕疵保険（住宅あんしん保証）
●ローン/オリエントコーポレーション

●資料請求・お問い合せ先
☎0120-315-845
携帯からは 0797-76-5960
FAX 0797-76-5970
✉info@realworks-arc.co.jp

リアルワークス有限会社の公式HPはコチラから!

神戸市

LIXILリフォームショップ橋本建設

建築一筋、
おかげさまで地域に愛され半世紀。

橋本建設はLIXIL認定のリフォームショップ。安心と信頼の店づくりを目指し、ご相談から工事中、リフォーム完了まで業務品質基準33項目のチェックポイントを定めている。母体が総合建設会社なのでリフォームだけでなく新築や増改築などあらゆる建築に携わってきた実績も。確かな技術と経験を持つ職人や、働く女性や子育てママに寄り添った提案ができる女性スタッフも在籍し、お客様のご要望に親身に心を傾けながら、最適なリフォームを提案している。公的補助金や助成金を使ったリフォームにも積極的に対応。

あらゆる建物に長年携わってきた建設会社だからこそできるリフォームを行っている

こだわり

戸建てリフォーム事例
鉄骨造を生かして
開放的な空間を創出

個室が多かった3階建ての自宅を、今のライフスタイルに合った間取りにリフォーム。3階は鉄骨の梁を現し、壁を取り払って広々としたワークルームに。宿泊客用の畳コーナーとの境にはディスプレイポールを設置した。

マンションリフォーム事例
次世代省エネ建材で
断熱リフォーム

築35年のマンション最上階にお住まいで、「冬は暖かいが、夏はとにかく暑いのでなんとかしたい」というご要望に応えて断熱リフォームを実施したところ、2019年LIXILメンバーズコンテストにてエコロジー賞を受賞。

リフォーム補助金にも対応
耐震補助金を使って
安心の全面リフォーム

「地震に強い家にしたい」というご希望に応えて、耐震性能を重視したリフォームを実施。屋根の軽量化を行うとともに、既存の壁を解体し耐力壁を採用したり基礎の補強をすることで耐震強度をアップ。

長年の経験と知識で
お客様を万全のサポート

当社では長年建築業界に携わってきた経験豊富なスタッフが、地元のリフォーム店だからこそ可能な提案を行っている。もちろんLIXILならではの品質も強み。ショールームで実際の商品をご確認いただいた上で、最適なリノベーションを実現している。

企業DATA

代表あいさつ

代表取締役
橋本 和典氏

創業58年、地域密着の総合建設会社による住宅リフォーム専門店です。神戸市優良工事表彰、LIXILメンバーズコンテストなど受賞多数。公共工事等で培ったノウハウと経験豊富な専任スタッフによる安心のリフォームをお届けします。

- ●住所/神戸市兵庫区大開通7-1-21
- ●営業時間/9:00～17:00
- ●定休日/日曜、祝日
- ●施工エリア/神戸市、芦屋市、明石市
- ●有資格者/一級建築士1名、二級建築士3名、1級建築施工管理技士5名、1級土木施工管理技士1名、2級土木施工管理技士1名、兵庫県簡易耐震診断員1名、増改築相談員3名、給水装置工事主任技術者1名、インテリアコーディネーター1名、福祉住環境コーディネーター2級1名
- ●保険・保証/賠償責任保険、工事補償保険、リフォーム瑕疵保険
- ●ローン/オリエントコーポレーション、クレジットカード取扱

●資料請求・お問い合せ先
☎0120-19-5280
FAX 078-577-6807
✉ reform@kobe-hashiken.co.jp

 LIXILリフォームショップ橋本建設の公式HPはコチラから！

 新築・建て替え シロアリ・メンテナンスリフォーム 介護リフォーム

実家の相続
家業の事業承継
おひとり様の終活
などでお悩みの方へ。

相続や終活は
まだまだ先のこと…
なんて考えていませんか？

- 実家の土地や建物を「負」動産にしたくない
- 「私にはかけがえのないもの」を信頼できる人に託し、残したい
- 終活といっても、どこから手を付けたらいい？

そんなときは、元気なうちに手を打っておくのが、いちばん安心な解決策です。
相続関連でトラブルや面倒なこととなる原因の多くは
「元気なうちに何もしていなかったから」です。

お子さんやお孫さんたちに迷惑をかけたくないとお考えなら、

①遺言書作成

②家族信託

③任意後見

などの準備をしておくことで、相続を争続にせずにすみます。
とはいえ、一般の方には難しく手続きも複雑で大変です。そんなときは、ぜひ私たち法務のプロにお任せください！

ほかにもこんなご相談が…
「将来、子どもたちが共同で相続する不動産が、必要な手続きをせず放置されるかも!?」
「賃貸経営を円滑に引き継ぎ、相続税対策も継続したい」
親が元気なうちに子に受託者として財産管理を委ねる「家族信託」なら、万が一認知症になったときも安心です！

中小企業 経営者のみなさま
経営のサポートもお任せください！

- 飲食店や建設業などで**独立開業**したいとき（事業計画書の作成、公庫融資）
- これまで個人事業主として事業を営んできたが、**会社を設立**したいとき
- **会計の記帳が面倒**なとき、資金繰りをどうにか改善させたいとき

会社設立・営業許可　**建設業・産廃業許可**　**就労ビザ申請**

当事務所を自社の"法務部"としてぜひご活用ください！
あなたのビジネス環境を全力でサポートいたします。

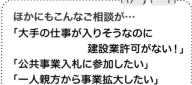
ほかにもこんなご相談が…
「大手の仕事が入りそうなのに建設業許可がない！」
「公共事業入札に参加したい」
「一人親方から事業拡大したい」
この道20年の経験でサポート。
資金繰り対策にも対応いたします。

あなたのお悩みを行政書士が解決いたします
行政書士西田法務事務所

〒550-0004 大阪市西区靱本町1-6-14 田渕本町ビル6F

ご相談は無料　📞**06-7172-5917**

営業時間：10:00〜18:00　定休日：土・日曜、祝祭日
（※事前にご予約いただければ休日対応致します）

相続や事業に関することなら
何でもお気軽にご相談ください。
ベストな解決策をご提案いたします。

行政書士 西田隆博

株式会社 **クワタ**

企業価値を高め続け、
皆様から『選択され』『感謝され』
そして『信頼される』会社を目指します。

豊富なリフォーム商材をご提案します

LIXILの一員であり、AGC、日本板硝子の特約店である当社だからこそできる、多種多様なリフォーム商材をご提案。内窓、ガラス等の窓廻りエコリフォームから玄関、キッチンから太陽光など、皆様の快適生活を経験豊富なスタッフがお手伝い致します。

ガラス関連

「より早く、より安全に、より信頼性」をモットーに、
お客様に満足頂ける品質、施工、サービスを提供しています。
- 建築用板ガラス
- 産業用板ガラス
- 高機能ガラス(防犯合わせ、遮熱複層、防火、強化)

サッシ関連

サッシから室内建材、住宅機器、外壁材まで、
多様なライフスタイルに合わせた住環境を提案します。
- アルミサッシ全般(住宅用、フロント用、中低層ビル用)
- 鋼製建具全般(スチールドア、マンションドア、パイプスペース、ステンレスサッシ全般)
- インテリア建材(室内建具、床材・階段、アルミ建具、アルミ階段)
- 住宅設備機器(システムキッチン、システムバス、洗面台、衛生機器)

エクステリア関連

住まいと一体感ある生活空間を提案します。
リフォームやライフスタイルに合った快適な生活を実現!
- ウォールエクステリア(バルコニー、テラス、カーポート)
- ガーデンエクステリア(門扉、フェンス、ウッドデッキ)
- 環境エクステリア(大型フェンス、自転車置場)
- ベランダ手摺

金属製建具工事
金属パネル・フロント工事
シャッター工事

株式会社 **クワタ**

http://kuwata-glass.co.jp

本社/神戸支店　大阪支店/建材第一支店/第二支店/大阪硝子支店　姫路支店　淡路営業所　名古屋営業所

本社	管理部/総務部	神戸市須磨区外浜町3-1-25	TEL.078-732-8282
住宅建材事業部	神戸支店	神戸市須磨区外浜町3-1-25	TEL.078-732-6811
	大阪支店	吹田市南吹田5-17-24	TEL.06-4861-5501
	姫路支店	姫路市宮上町2-28	TEL.079-280-6201
	淡路営業所	洲本市納107	TEL.0799-24-2137
ビル建材事業	建材第一支店・第二支店	吹田市南吹田5-17-24	TEL.06-4861-5061
名古屋営業所	名古屋市名東区一社1-87ユウトクビル5F		TEL.052-715-7380
大阪硝子支店	吹田市南吹田5-17-24		TEL.06-4861-5503

～住まいに感動を　暮らしに喜びを～
DAIMATSU

快適な生活空間プロデュースは
住まいの専門商社DAIMATSUへ

DAIMATSUは1977年（昭和52年）、住宅関連機器の専門商社として創業しました。

以来、着実に実績を積み重ねて、関西リフォームNo.1を目指して邁進しています。

私たちが常に考えているのは、本当の意味で生活者の立場に立った快適空間の提供です。

そのため、特に女性スタッフによる実用的な提案力に力を入れるとともに、

メーカーを問わない商品提供力、工事力、商品センターを中心としたネットワークをフルに活用し、

お客様のあらゆるニーズに対して安全・正確・迅速な対応を評価していただいています。

今後も地域に密着したクリエイティブな商社として、時代のニーズを的確に捉え、

快適なリビングライフをサポートし続けたいと考えています。

DAIMATSUの強み our strengths

提案力

現場を熟知したコンサルティング力

DAIMATSUの基本的なスタイルは、現場感覚を生かした提案営業。営業スタッフは、お客様の嗜好やニーズに合った居住空間を提供するために、最新のトレンドや商品知識を常にアップデートしています。
単なる机上のプランではなく、メーカーでの研修・工場見学や現場で培った知識と経験をもとに、お客様に納得していただけるプランの提供を行っています。

調達力

メーカーを問わない幅広い調達網

DAIMATSUは、関西では数少ない独立系の住宅設備機器の総合商社です。どのメーカーとも資本関係がないため、お客様が希望される商品をあらゆる選択肢の中からセレクトすることができます。それを可能にするのが当社の幅広い調達網。
DAIMATSUの強みを生かして、水回りからエクステリア、内装までワンストップで提供し、質の高い住空間をご提案いたします。

現場力

現場に即した物流機能と施工力

DAIMATSUでは、仕入先やメーカーとの信頼関係を背景に多くの配送拠点を配備し、確実な納品とスピーディで無駄のない供給体制を形成、お客様のご要望にもキメ細かく対応。フットワークを武器に地域に根差した営業を展開します。また、現場で打ち合わせをした営業担当者が、施工依頼書を元に関連会社の大松エンジニアリング株式会社と連携し、施工まで責任を持って行っています。

株式会社 大松 DAIMATSU

【本社】
〒564-0051 大阪府吹田市豊津町12-40
TEL：06-6337-1231　FAX：06-6337-1233
https://osaka-daimatsu.co.jp

【兵庫県内の事業所】
・神戸支店‥‥‥‥‥神戸市中央区浜辺通2-1-30 三宮国際ビル7F
・神戸東営業所‥‥‥神戸市中央区浜辺通2-1-30 三宮国際ビル7F
・姫路支店‥‥‥‥‥姫路市安田4-132　＊他、地域に13拠点有り

AMI COAT

特殊繊維強化型水性塗料 アミコート

先端技術の特殊素材で建物の長期保護を実現

外壁塗装は重ね塗りと乾燥に時間がかかる!?

そんな常識を覆したのが、まつえペイントが開発した「アミコート」。

下塗りから仕上げまでを集約したことで工期を短縮できるうえ、耐久性も抜群。

メンテナンス費や月々の冷房費といったランニングコストを抑えることができ、

建物にも家計にも暮らしにもやさしいアミコートは、これからの外壁塗装のスタンダードに！

ワンコートで工期短縮を実現したアミコートだから、24時間以内の施工完了で注目の3Dプリンター住宅「Sphere10㎡」(serendix)にも採用されている。©CLOUDS Architecture Office

複合素材で実現する外壁塗装のイノベーション

特殊繊維

塗膜に耐屈曲性を持たせる特殊繊維が1㎡あたり約10万本含まれている。これによって強靭でひび割れが起きにくい塗膜を形成。

シラスバルーン

アミコート塗膜の約50％を占めるのが、天然無機のセラミック「シラスバルーン」。塗膜に厚塗り性を持たせるとともに耐久性を強化する。

特殊樹脂

ラジカル制御チタン、防藻・防カビ、帯電防止モノマー等、長期にわたり建物を保護するための様々な機能を有した特殊樹脂を採用。

つよい！

約2倍の厚膜質・高耐久で建物を長期保護

「無機有機ハイブリッド」「ラジカル制御」「繊維補強」「厚膜」を特徴とするアミコートは1回塗りで一般塗装の約2倍の厚みを確保。

▶▶▶ 耐久性アップ！　雨、風、紫外線から長期間建物を守る。

一般塗装とアミコートの塗膜厚比較

3回塗りでも塗装厚は 0.1mm以下	アミコート
上塗り / 中塗り / 下塗り（プライマー）　0.1mm以下	1回塗りで塗装厚は一般塗装の 約2倍
一般塗装の3回塗り	アミコートの1回塗り

はやい！

ワンコートだから工期短縮で塗り替えも簡単

一般塗装では3回の塗装が必要になるが、アミコートは塗膜の高機能を1つの塗料に集約することで1回の塗装でOK！

▶▶▶ 少人数で素早い塗装工事が可能で、管理コストもダウン！

一般塗装とアミコートの工期比較

アミコート	ワンコートのアミコート塗装	工期短縮 管理コスト削減
一般塗装	下塗り（プライマー）／乾燥／中塗り／乾燥／上塗り	

外壁塗装では、足場の設置や開口部の養生が不可欠。そのため施工中は出入りの不便だけでなく窓を開けての換気や日照問題、さらには防犯面も気になるところ。でも、ワンコート塗装が可能なアミコートなら、生活への影響も最小限。お施主様のストレスもカット。

やさしい！

遮熱タイプでエコノミー＆エコロジー

「遮熱タイプ」なら、冷房費削減、熱中症予防などの夏の暑さ対策に効果を発揮。塗装前後の実験では2階の室内空気温度が4～5℃も低下。

▶▶▶ ランニングコストの抑制に！

Before 56.1℃　After 34.9℃

美しい！

セルフクリーニング機能で美観が長持ち

アミコート専用の親水性クリアコート「ダストバリア2」※を塗布すれば塗膜表面が親水化し、汚れを流しやすい状態に。※オプション

▶▶▶ メンテナンスがラク！

アミコートの機能

長期保護	工期短縮	遮熱性	高耐久性
厚膜性	耐屈曲性	水性	ラジカル制御
防カビ性	防藻性		

※下地の種類、劣化の進行状態によっては下塗りが必要となる場合もあります。

[お問い合わせ先]

株式会社まつえペイント

〒690-0011　島根県松江市東津田町1282-2
TEL：0852-24-3030　FAX：0852-26-5407
営業時間：8:00～17:00　定休日：土曜、日曜、祝日　https://ami-coat.jp/

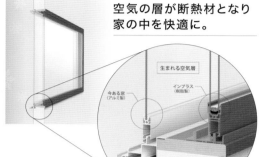

安心できる兵庫県のリフォーム会社

NPO法人ひょうご安心リフォーム推進委員会 会員一覧

NPO法人ひょうご安心リフォーム推進委員会が定める「あんしんリフォーム基準」を満たしていることを認定された認定登録事業者を紹介いたします。

株式会社ウオハシ
〒676-0805 高砂市米田町米田313-1
☎079-434-3800　📠079-434-3801

有限会社HUTT（ヒュート）
673-0533 三木市緑が丘町東1-1-51
☎0794-84-0730　📠0794-84-0375

リアルワークス有限会社
〒665-0011 宝塚市南口2-9-3 サウス宝塚102
☎0797-76-5960　📠0797-76-5970

福田商店（板宿ガスセンター）
〒654-0023 神戸市須磨区戎町3-1-22
☎078-732-3601　📠078-731-5990

モリ・リフォーム（株式会社モリ）
〒679-2214 神崎郡福崎町福崎新318-1
☎0790-22-0246　📠0790-22-0058

シンワクライム株式会社
〒663-8181 西宮市若草町2-5-12
☎0798-47-3642　📠0798-47-3675

株式会社ゆめや
〒658-0032 神戸市東灘区向洋町中6-9 神戸ファッションマート1F
☎078-843-2569　📠078-843-2589

株式会社西神住宅設備
〒651-2265 神戸市西区平野町宮前404
☎078-961-5544　📠078-961-5311

LIXILリフォームショップ橋本建設
〒652-0803 神戸市兵庫区大開通7-1-21
☎0120-19-5280　📠078-577-6807

株式会社眺プランニング
〒654-0014 神戸市須磨区若木町2-5-3-302
☎078-224-4573　📠078-224-4573

株式会社正建工業
〒658-0081 神戸市東灘区田中町3-13-5
☎0120-996-741　📠078-842-7492

株式会社兵庫ガスセンター
〒652-0041 神戸市兵庫区湊川町4-2-6
☎078-511-8404　📠078-511-8422

アーベリーリフォーム
〒655-0038 神戸市垂水区星陵台1-2-9 星陵台ハイツ1F
☎078-782-7152　📠078-782-7153

株式会社中尾設備
〒655-0017 神戸市垂水区上高丸1-2-9 中尾ハイツ
☎078-754-6146　📠078-785-2221

株式会社コーヨー
〒669-1515 三田市大原633
☎079-563-3890　📠079-563-3891

髙井工業株式会社／株式会社ユニクレア
〒658-0072 神戸市東灘区岡本4-8-16
☎078-431-0452　📠078-412-2585

有限会社西神戸リフォーム
〒651-2116 神戸市西区南別府1-11-9
☎078-977-2780　📠078-977-2770

有限会社ミオ・デザイン
〒657-0846 神戸市灘区岩屋北町1-5-20
☎078-801-2521　📠078-801-2538

株式会社四方継 つむぎ建築舎
〒651-2111 神戸市西区池上3-6-7 SUMIRE.COmplex201
☎078-976-1430　📠078-976-1436

株式会社清水設備
〒657-0035 神戸市灘区友田町3-3-1
☎078-822-3333　📠078-822-2630

リフォームの参考書 ひょうご

2023年10月20日発行

発行人：魚橋正吾（NPO法人ひょうご安心リフォーム推進委員会）
編集人：佐伯利恵　編集・執筆：河合篤子　編集アシスタント：瀧本真由子　営業：乃万郁美　デザイン：吉村基弘　校閲：菊澤昇吾　販売：細谷芳弘、菊谷優希
発行：NPO法人ひょうご安心リフォーム推進委員会
　　　〒652-0803 兵庫県神戸市兵庫区大開通7-1-21　TEL・FAX 078-575-3128　https://anshin-reform.org/
発売：株式会社ザメディアジョン
　　　〒733-0011 広島県広島市西区横川町2-5-15　TEL 082-503-5035　FAX 082-503-5036　https://mediasion.co.jp
印刷・製本：クリエイティブ事業部ラック有限会社

ISBN978-4-86250-765-5　C0077　¥520E